ABGEFAHRN VEGAN

GOOD FOOD FOR BAD VEGANS

Umschau

Natalie Slater

ABGEFAHRN VEGAN

GOOD FOOD FOR BAD VEGANS

Umschau

Titel der englischen Originalausgabe: Bake and Destroy – Good Food for Bad Vegans
2013 first published by Page Street Publishing Co.

www.umschau-buchverlag.de

Umschau

Übersetzung: Kristine Harth, Mainz
Lektorat: Elke Homburg, Redaktionsbüro TextWelten, München
Satz und Herstellung: Kaisers Ideenreich, Neustadt an der Weinstraße
Druck und Verarbeitung: NEOGRAFIA a.s., Slowakei

Printed in Slovakia
ISBN: 978-3-86528-780-9

Für meinen Dad –
Chili-Kochchampion,
Hawaiihemdenfan und
ein rundum toller Typ

BAKE AND
DESTROY

Inhalt

Vorwort

Dies ist also ein Kochbuch mit einem Vorwort von einem Profi-Wrestler. Warum ich das hier schreibe? Nun, zum einen sind Natalie Slater und ich zusammen durch die Hölle und zurück gegangen – und sie kennt meine dunkelsten Geheimnisse. Als sie mich dann bat, diesen Text zu schreiben (unter Androhung, alles auszuplaudern), überschlug ich mich geradezu vor Begeisterung.

Aber Spaß beiseite. In Wirklichkeit musste sie mich gar nicht überreden, euch zu sagen, dass die Rezepte in diesem Buch alle sowohl köstlich als auch vegan sind. Das ist einfach eine Tatsache. Viele wurden an hungrigen 115-kg-Profi-Wrestlern getestet, die euch die Abreibung eures Lebens verpassen würden, wenn ihr ihnen stecken würdet, dass sie vegan gegessen haben. Derart fantastische Brownies können unmöglich vegan sein, denn Profi-Wrestler essen »so ein Zeug« nicht.

Leider glaubt immer noch ein Großteil der Menschheit, dass eine pflanzliche Ernährung für Athleten nicht ausreichend ist. Ich und der Inhalt der folgenden Seiten wollen euch vom Gegenteil überzeugen. Und ein Dessert wie die Samoa Joe Cupcakes, das nach einem Wrestler benannt ist, kann man ja wohl kaum ausschlagen, oder?

Tatsache ist: Natalie kocht und backt leidenschaftlich gern mit pflanzlichen Zutaten und die Rezepte in diesem Buch sind so toll wie ihre Autorin. In jede Seite hat sie ebenso viel Arbeit und Liebe gesteckt wie in die veganen Leckerbissen, die sie mir schon vor mehr als zehn Jahren vor einem Wettkampf zusteckte – ich weiß also, dass das Buch gut ist!

Ich würde ja noch bleiben und weitere nette Dinge über Natalie und ihre Küche sagen, aber das Schreiben hat mich hungrig gemacht. Es ist Zeit für mich (und für euch), in dieses Buch einzutauchen und etwas zuzubereiten, was Freunde und Familie verschlingen werden – bis auf den letzten Krümel. Viel Spaß dabei!

CM Punk

Ein paar Worte vorweg

Wenn ich als Kind nicht mit dem Nintendo-Controller in der Hand zu nah am Fernseher saß, half ich meiner Mom in der Küche. Auch als Erwachsene finde ich es immer noch faszinierend, aus einer Handvoll Zutaten Kuchen, Pizza oder Pie zu zaubern. Mein ganz und gar hausgemachtes Credo lautet deshalb: Wenn du hungrig bist, solltest du dir was kochen.

Kochbücher können allerdings ziemlich rechthaberisch sein! Irgendwelche Leute sagen einem, wie man den »besten« Cupcake und den »ultimativen« Maiskuchen bäckt. Meine angeborene Aversion gegen Vorschriften brachte mich dazu, meinen Blog Bake and Destroy (www.BakeandDestroy.com) aus der Taufe zu heben. Ich wollte Menschen inspirieren, in der Küche Neues auszuprobieren – frei nach dem Motto: Alles ist erlaubt. Essen schmeckt besser, wenn die Zubereitung Spaß macht. Warum sich also den Kopf zerbrechen, ob es perfekt ist?

Jahrelang habe ich auf meinem Blog Rezepte für süße Sachen geteilt, doch nach meiner Umstellung auf eine vorwiegend pflanzliche Ernährung wurde ich immer häufiger gefragt, was ich denn außer Cookies und Cupcakes so esse. In diesem Buch stelle ich deshalb nicht nur süße Sachen vor, sondern auch Alltagsgerichte – von Tacos bis zu Aufläufen. Und eine milchfreie Version des Geburtstagskuchens, den meine Mom mir schon mein ganzes Leben lang jedes Jahr backt. Ihr lernt veganes Essen kennen, zu dem mich meine Lieblingsmusik, meine Lieblingsrestaurants und sogar ein paar Profi-Wrestler inspirierten. Hoffentlich ermuntern euch diese Rezepte, Neues auszuprobieren und eigene Gerichte zu kreieren.

Also nichts wie in die Küche und wild drauflos gekocht!

Natalie

Natalie

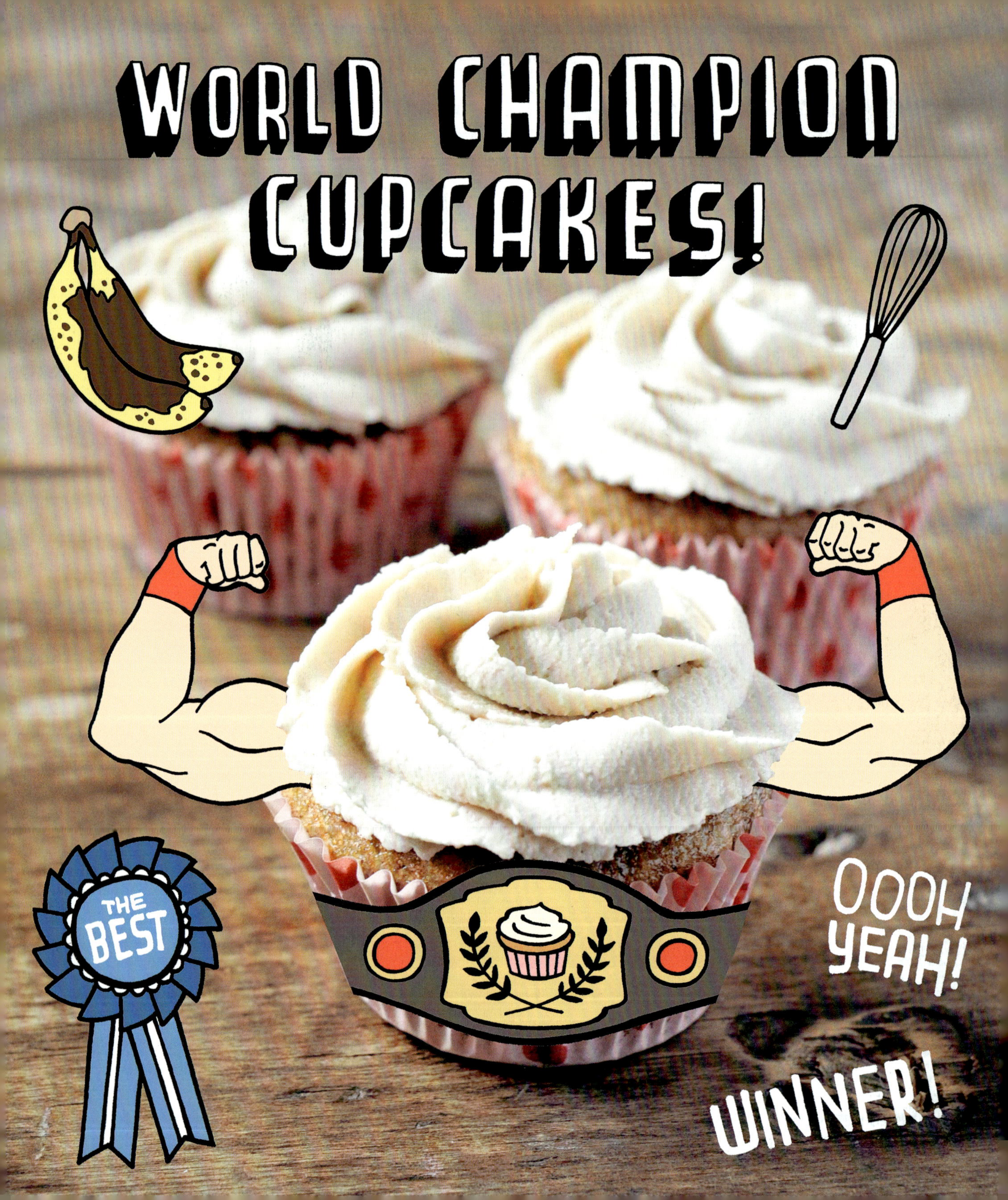
WORLD CHAMPION CUPCAKES!
THE BEST
OOOH YEAH!
WINNER!

Kapitel 1

Süße Sachen

Sophia Loren sagte einmal: »Alles, was Sie hier sehen, verdanke ich Spaghetti.« Ich denke ähnlich über Cupcakes. Sie brachten mich als Jurorin in die Sendung Cupcake Wars beim TV-Sender Food Network, zum Cooking Channel, wo ich mein preisgekröntes Rezept für Bananen-Arme-Ritter-Cupcakes vorstellte, und eröffneten mir die Chance, dieses Buch zu schreiben – mein bisher wohl größtes Abenteuer! Nun bin ich natürlich keine Sophia Loren, aber sie hat auch kein Kochbuch geschrieben, also wen juckt's? (Verdammt, ich habe gerade gegoogelt: Sie hat zwei Kochbücher geschrieben. Ich nehme die Herausforderung an, Sophia Loren!)

Seit ich 2006 meinen Blog Bake and Destroy ins Leben rief, finde ich überall Ideen für neue Cupcakes – in Slasher-Filmen genauso wie bei Konzerten von Andrew W.K. In dieses Kapitel habe ich mein preisgekröntes Rezept (s.o.) aufgenommen, aber auch ein Schoko-Kokos-Karamell-Törtchen, zu dem mich der Wrestler Samoa Joe inspirierte, und eine Handvoll weiterer einfach zu backender und noch einfacher zu vertilgender Cupcakes.

Auch mit von der Partie sind ein leicht abgedrehter Kuchen, zu dem mich meine Mom und meine Lieblingsmoderatorin Rhonda Shear inspirierten, und ein paar süße Snacks, die euch vielleicht bekannt vorkommen, aber ganz anders schmecken als früher bei Muttern. Daneben findet ihr Whoopie Pies, die wie Mini-Burger aussehen, aber nach Bananensplit schmecken, und ein paar selbst gemachte Backmischungen, mit denen sich im Handumdrehen etwas zum Kaffee zaubern lässt.

Brownies mit Leinsamen? Käsekuchen aus Tofu? Was soll das denn? So bin ich halt, Leute. Ich kann eine Handvoll Cashewkerne und eine Dose Kokosmilch schneller in einen Nachtisch verwandeln, als ihr »das ist vegan« sagen könnt. Und ihr könnt das auch. Also los, gönnt euch was Süßes!

BANANEN-ARME-RITTER-CUPCAKES

Falls ihr kürzlich mit meiner Mom gesprochen habt, wisst ihr vielleicht schon, dass ich mit diesem Rezept einen Wettbewerb gewonnen habe. Inspiriert von einem Gericht im Salt & Pepper Diner in Chicago kombinieren diese Frühstückstörtchen Zimt, Ahornsirup und Banane.

Ergibt 12 Cupcakes

ZUTATEN

CUPCAKES

1 große reife Banane
150 g Mehl
¼ TL Natron
1 TL Backpulver
1 TL gemahlener Zimt
½ TL Salz
150 g Zucker
80 ml Rapsöl
160 ml Reis- oder Sojamilch
1 TL Vanilleextrakt
½ TL Mandelextrakt
60 g Walnusskerne, gehackt und geröstet

AHORN-BUTTERCREME-GLASUR

250 g Puderzucker
85 g ungehärtetes Pflanzenfett
85 g vegane Margarine
2 EL Ahornsirup
1 Prise Salz

ZUBEREITUNG

Den Backofen auf 180 °C vorheizen und ein 12er-Muffinblech mit Papierförmchen auslegen.

Die Banane im Standmixer pürieren oder einfach mit der Gabel zerdrücken.

Mehl, Natron, Backpulver, Zimt, Salz und Zucker in eine große Rührschüssel sieben und gut vermengen.

In einer kleineren Schüssel Öl, Reis- oder Sojamilch, Vanille- und Mandelextrakt sowie die zerdrückte Banane verrühren.

Dann die feuchten Zutaten mit den trockenen vermengen. Kleine Klümpchen sind in Ordnung. Zum Schluss vorsichtig die Walnusskerne unterziehen.

Die Papierförmchen zu zwei Dritteln mit Teig füllen und die Cupcakes 20–22 Minuten backen, bis die Oberfläche bei leichtem Druck zurückfedert. Das Blech auf einem Kuchengitter 10 Minuten abkühlen lassen, dann die Törtchen herausnehmen und vor dem Glasieren vollständig auskühlen lassen.

Für die vegane Buttercreme alle Zutaten in einer Schüssel zu einer lockeren, schaumigen Masse verrühren. Mit einem Spritzbeutel (man kann einen aus einem Gefrierbeutel basteln, indem man eine Ecke abschneidet) die Buttercreme dick auf die Cupcakes spritzen oder mit dem Küchenspatel auftragen.

SAMOA JOE CUPCAKES

Diese Törtchen könnten von den Girl Scout Cookies inspiriert sein, die unsere Pfadfinderorganisation verkauft – oder aber von einem großen, starken Wrestler. Kostet mal und schaut, was euch in den Sinn kommt, wenn diese süße Köstlichkeit eure Geschmacksknospen in den Schwitzkasten nimmt.

Ergibt 12 Cupcakes

ZUTATEN

CUPCAKES

190 g Mehl
200 g Zucker
30 g Kakaopulver
1 TL Natron
1 TL Salz
90 ml Rapsöl
1 TL Vanilleextrakt
1 EL Apfelessig
140 g Kokosraspel
1 Portion Karamellsauce (S. 48)

SALZIGE KARAMELL-KOKOS-BUTTERCREME

110 g vegane Margarine
110 g ungehärtetes Pflanzenfett
450 g Puderzucker
½ TL Salz
70 g Kokosraspel

SCHOKOGUSS

85 g vegane Schokolade, gehackt
1 EL ungehärtetes Pflanzenfett

ZUBEREITUNG

Den Backofen auf 180 °C vorheizen und und ein 12er-Muffinblech mit Papierförmchen auslegen.

Für die Cupcakes das Mehl in eine große Schüssel sieben und mit Zucker, Kakao, Natron und Salz vermischen. 240 ml Wasser, Öl, Vanilleextrakt und Essig einrühren und die Förmchen zu zwei Dritteln füllen. 18–21 Minuten backen, bis die Oberfläche bei sanftem Druck zurückfedert. Ofen nicht ausschalten. Cupcakes in der Form etwa 10 Minuten abkühlen lassen, dann herausnehmen und auf einem Kuchengitter abkühlen lassen.

Kokosraspel auf einem mit Backpapier ausgelegten Blech verteilen. Im Ofen 6–8 Minuten rösten, dabei ein- bis zweimal umrühren. Herausnehmen und abkühlen lassen.

Mit einem Essstäbchen oder Strohhalm vier bis fünf kleine Löcher in die abgekühlten Cupcakes stechen. 60 ml der Karamellsauce für die Buttercreme zurückbehalten, den Rest mithilfe eines Löffels in die Löcher träufeln.

Für die Buttercreme Margarine und Pflanzenfett mit dem Handmixer gut verrühren. Nach und nach auf niedriger Stufe den Puderzucker einrühren, dann auf mittlere Stufe hochschalten und 3 Minuten schaumig schlagen. Die übrige Karamellsauce und Salz unterrühren, dann die Kokosraspel unterheben.

Für den Guss Schokolade und Fett im Wasserbad (S. 181) schmelzen, in einen Gefrierbeutel füllen, verschließen und 10 Minuten abkühlen lassen.

Mit einem Spritzbeutel (oder Gefrierbeutel mit abgeschnittener Ecke) oder einem Küchenspatel die Buttercreme dick auf die Cupcakes auftragen und mit den Kokosraspeln bestreuen. Eine Ecke des Beutels mit der Schokolade abschneiden und ein Zickzackmuster auf die Cupcakes träufeln. Die Schokolade wird in wenigen Minuten fest.

PFIRSICH-CUPCAKES

Als Kind fuhr ich immer mit der ganzen Familie in Urlaub – Onkel, Tanten und Berge von rauflustigen Cousins. Einmal pferchten wir die ganze Sippschaft in ein Büfettrestaurant in Branson, Missouri. Wir waren schon spät dran für ein Konzert von Yo-Yo Ma, doch Onkel Jim weigerte sich zu gehen, bevor der riesige Behälter mit Peach-Cobbler-Pfirsichauflauf aufgefüllt wurde. Seitdem ist »peach cobbler« bei uns ein Running Gag. Dieses Rezept ist Onkel Jim gewidmet, der die richtigen Prioritäten setzte.

Ergibt 12 Cupcakes

ZUTATEN

175 g Mehl
130 g Zucker
1 EL Speisestärke
1½ TL Backpulver
¾ TL gemahlener Zimt
½ TL Salz
¼ TL geriebene Muskatnuss
¼ TL gemahlener Kardamom
150 ml Sojamilch
80 ml Rapsöl
1½ TL Vanilleextrakt
½ TL Apfelessig
250 g Pfirsiche (frisch oder aus der Dose), in Stücke geschnitten

ZUBEREITUNG

Den Backofen auf 180 °C vorheizen und ein 12er-Muffinblech mit Papierförmchen auslegen.

Das Mehl in eine Schüssel sieben und mit Zucker, Speisestärke, Backpulver, Zimt, Salz, Muskat und Kardamom vermischen. Sojamilch, Öl, Vanilleextrakt und Essig einrühren. Den Teig 5 Minuten gehen lassen, dann die Pfirsichstücke unterheben.

Jedes Muffinförmchen zu etwa zwei Dritteln füllen und 22–25 Minuten backen, bis die Oberfläche bei leichtem Druck zurückfedert. In der Form 10 Minuten abkühlen lassen, dann auf einem Kuchengitter vollständig auskühlen lassen.

Party-Tipp

Besonders lecker sind diese Cupcakes mit einem Klecks Kokos-Schlagsahne (S. 49), mit einer Prise Zimt oder mit Ahorn-Buttercreme-Glasur (siehe Bananen-Arme-Ritter-Cupcakes, S. 14).

EISCREME-PIE

Früher verrührte meine Mom immer gefrorenes Zitronenlimokonzentrat mit einer Großpackung Vanilleeis, füllte damit eine Pie und freute sich wie Oskar, wenn meine Geschwister und ich mal eine Weile die Klappe hielten, während wir die Pie bis auf den letzten Krümel auffutterten. Später dann eroberte ich mit genau dieser Pie das Herz meines Ehemanns. Hier habe ich mit Kokosmilch ein veganes Rezept daraus gemacht.

Für 8–10 Personen

ZUTATEN

BODEN

375 g vegane Vollkornkekse, fein zerbröselt
70 g Zucker
75 g vegane Margarine, zerlassen

EISCREME

2 Dosen Kokosmilch (à 400 ml)
230 ml Limonadenkonzentrat
160 g Agavendicksaft
2 EL Vanilleextrakt
abgeriebene Schale von 1 Bio-Zitrone

ZUBEREITUNG

Den Backofen auf 190 °C vorheizen.

Für den Boden Keksbrösel, Zucker und Margarine mit dem Handmixer gut verrühren. Die Masse in eine Pie-Form oder Springform (23 cm Ø) drücken und 7 Minuten backen. Vollständig auskühlen lassen.

Mit einem Schneebesen alle Zutaten für die Eiscreme verrühren, dann in die Eismaschine geben und nach Herstelleranleitung verarbeiten. Ist die Eiscreme nicht fest genug, um sie auf den Boden zu löffeln, in eine gefriergeeignete Dose mit Deckel geben und für 2 Stunden in den Tiefkühler stellen. Sobald sie fest genug ist, die Eiscreme auf den Teig geben und die Oberfläche mit einem Küchenspatel oder der Rückseite eines Löffels glatt streichen. Mit Frischhaltefolie abdecken und nochmals in den Tiefkühler stellen, bis die Eiscreme so fest ist, dass man die Pie in Stücke schneiden kann.

PINTEREST-PIE

Ich hasse Pinterest. Für mich lediglich eine Plattform für Mütter, die meinen, ihre Partyideen posten zu müssen. Als meine Freunde plötzlich alle wegen eines Rezepts für Eis aus gefrorenen Bananen ausflippten, das sie auf Pinterest entdeckt hatten, war ich drauf und dran, sie alle bei Facebook zu löschen. Doch bevor ich virtuellen Massenmord beging, gab ich dem gefrorenen Banenenpüree eine Chance. Und – verdammt noch mal – es schmeckte wie Eiscreme. Da ich Pinterest aber immer noch blöd finde, habe ich das Originalrezept mit Erdnussbutter verfeinert und eine Pie daraus gemacht.

Für 8–10 Personen

ZUTATEN

TEIG

120 g Minibrezeln ohne Salz, zerbröselt

3 EL Zucker

4 EL vegane Margarine, zerlassen, oder 4 EL Rapsöl + ½ TL Salz

1 EL Sojamilch

85 g vegane Zartbitterschokolade

FÜLLUNG

5 sehr reife Bananen, geschält, in Scheiben geschnitten und gefroren, bis sie fest sind

200 g cremige Erdnussbutter

2½ EL Agavendicksaft

ZUBEREITUNG

Den Backofen auf 180 °C vorheizen und eine Pie-Form oder Springform (23 cm Ø) einfetten.

In einer mittelgroßen Schüssel die Brezelbrösel mit dem Zucker vermischen. Die Margarine darüberträufeln, die Sojamilch zugeben und alles mit dem Handmixer zu einem krümeligen Teig verrühren. Die Mischung in die Form geben und an Boden und Rand festdrücken. 8–10 Minuten backen, dann abkühlen lassen und mit der Schokolade glasieren. Dazu die Schokolade im Wasserbad schmelzen (S. 181) und auf den Teig gießen. Die Form schräg halten, bis der Boden ganz bedeckt ist. Wenn noch Schokolade übrig ist, auf diese Weise auch den Rand überziehen. Beiseitestellen und fest werden lassen. Wer den Prozess beschleunigen will, stellt die Form in den Tiefkühler.

Die Bananen im Standmixer pürieren, bis ihre Konsistenz der von Softeis ähnelt (je nach Größe und Leistungsstärke des Mixers eventuell portionsweise arbeiten). Erdnussbutter und Agavendicksaft unterheben und die Masse auf den Pie-Teig streichen. Mit Frischhaltefolie abdecken und etwa 2 Stunden in den Tiefkühler stellen, damit sich Stücke schneiden lassen.

BURGERTIME WHOOPIE PIES

BurgerTime ist ein Videospiel aus den frühen 1980er-Jahren, bei dem der Koch Peter Pepper die Aufgabe hatte, riesige Hamburger zu belegen, indem er über die Zutaten rannte und gleichzeitig Hotdogs, saure Gurken und Eier abwehrte. Es ist eines der blödesten und gleichzeitig lustigsten Videospiele aller Zeiten und ich erweise ihm mit diesem Nachtisch die Ehre: Whoopie Pies, die wie Burger aussehen und wie ein Obstsalat mit Schokoladenüberzug schmecken.

Ergibt 12 große Burger

ZUTATEN

BURGERBRÖTCHEN

200 g Mehl
1½ TL Natron
½ TL geriebene Muskatnuss
½ TL Salz
60 g ungehärtetes Pflanzenfett + mehr zum Einfetten
60 g vegane Margarine
150 g Zucker
1 große reife Banane, zerdrückt
1 TL Vanilleextrakt
½ TL Mandelextrakt
300 ml Sojamilch
2–3 EL Sesamsamen

SCHOKO-FRIKADELLE

165 g Puderzucker
60 g Kakaopulver, gesiebt
60 g vegane Margarine
60 g ungehärtetes Pflanzenfett
3 EL Sojamilch
1 TL Vanilleextrakt
½ TL Salz

SENF

2 EL vegane Margarine
2 EL ungehärtetes Pflanzenfett
125 g Puderzucker
1 EL Sojamilch
1 TL Vanillextrakt
3–4 Tropfen gelbe Lebensmittelfarbe

WEITERE BELÄGE

90 g Kokosraspel
3–4 Tropfen grüne Lebensmittelfarbe
Erdbeeren

ZUBEREITUNG

Den Ofen auf 180 °C vorheizen und zwei Backbleche mit Backpapier auslegen.

Das Mehl in eine Schüssel sieben und mit Natron, Muskat und Salz vermischen. In einer Rührschüssel Margarine, ungehärtetes Pflanzenfett und Zucker mit dem Handmixer verrühren. Auf niedriger Stufe beginnen, dann die Mischung auf hoher Stufe luftig aufschlagen.

Banane und Vanilleextrakt einrühren.

Die Hälfte der Mehlmischung und die Hälfte der Sojamilch untermischen. Dann das übrige Mehl und die Milch zugeben und alles gut verrühren.

Teighäufchen (je 1 gehäufter EL Teig) im Abstand von 5 cm auf die vorbereiteten Bleche setzen. Die Hälfte der Häufchen mit Sesam bestreuen – das werden die Oberhälften der Brötchen. Etwa 10 Minuten backen, bis die Oberfläche bei leichtem Fingerdruck zurückfedert. Auf dem Blech 10 Minuten abkühlen lassen, dann zum vollständigen Auskühlen auf ein Kuchengitter legen.

Für die Frikadellen Margarine, ungehärtetes Pflanzenfett, Puderzucker und Kakao erst langsam, dann auf mittlerer Stufe zu einer krümeligen Masse verrühren. Sojamilch, Vanilleextrakt und Salz zugeben und auf höchster Stufe glatt rühren. Die Mischung in einen Spritzbeutel oder einen Gefrierbeutel füllen und etwa 1 Stunde im Kühlschrank fest werden lassen.

Für den Senf Margarine und Pflanzenfett vermischen, dann den Puderzucker unterheben. Sojamilch, Vanilleextrakt und genug gelbe Lebensmittelfarbe zugeben, dass die Mischung Senf ähnelt, und glatt rühren. In einen Spritzbeutel oder Gefrierbeutel füllen und etwa 1 Stunde im Kühlschrank fest werden lassen.

Für den Salat die Kokosraspel mit ein paar Tropfen grüner Lebensmittelfarbe in einen Gefrierbeutel geben, fest verschließen und schütteln, bis die Raspel die Farbe gleichmäßig angenommen haben.

Die Erdbeeren waschen und für die Tomaten in Scheiben schneiden.

Um die Burger zu belegen, eine Whoopie Pie ohne Sesam umdrehen und eine frikadellenförmige Schicht Schoko-Buttercreme daraufspritzen (dazu eine Ecke des Gefrierbeutels abschneiden). Mit etwas grüner Kokosraspel bestreuen und zwei Erdbeerscheiben darauflegen. Den Senf im Zickzackmuster daraufspritzen. Mit einer Whoopie Pie mit Sesam abschließen und leicht fest drücken, sodass die Zutaten wie bei einem saftigen Burger herausquellen.

Party-Tipp

Brötchen und Beläge im Voraus zubereiten und die Gäste ihre Burger selbst belegen lassen. Seid kreativ: Ein ausgerolltes Karamellbonbon als Käse und gehackte Geleefrüchte als Zwiebeln verwenden.

PISTAZIEN-WHOOPIE-PIES

Statt wie gewöhnlich mit Marshmallows fülle ich diese Whoopie Pies mit Pistazien-Buttercreme – raffiniert! Ich habe die Füllung grün gefärbt. Darauf kann man aber auch verzichten.

Ergibt 24 Whoopie Pies

ZUTATEN

WHOOPIES

200 g Mehl
80 g Kakaopulver
1½ TL Natron
½ TL Salz
¼ TL gemahlener Kardamom
60 g vegane Margarine
60 g ungehärtetes Pflanzenfett
225 g Muscovadozucker
60 g Seidentofu, püriert, oder veganer Sojajoghurt
1 TL Vanilleextrakt
300 ml Sojamilch
25 g Pistazien, fein gemahlen

FÜLLUNG

60 g vegane Margarine
60 g ungehärtetes Pflanzenfett
375 g Puderzucker
3–4 EL Sojamilch
1 TL Vanilleextrakt
½ TL Salz
50 g Pistazien, fein gemahlen
grüne Lebensmittelfarbe (nach Belieben)

ZUBEREITUNG

Den Ofen auf 190 °C vorheizen und und zwei Backbleche mit Backpapier auslegen.

Für die Whoopie Pies das Mehl in eine kleine Schüssel sieben und mit Kakao, Natron, Salz und Kardamom vermischen.

In einer Rührschüssel mit dem Handmixer Margarine, ungehärtetes Pflanzenfett und Zucker verrühren. Tofu und Vanilleextrakt ebenfalls unterrühren.

Die Hälfte der Mehlmischung und die Hälfte der Sojamilch langsam einrühren. Dann die restliche Mehlmischung und die Milch dazugeben und alles gut verrühren. Zum Schluss die gemahlenen Pistazien unterheben.

Teighäufchen (je 1 gehäufter EL Teig) im Abstand von 5 cm auf die vorbereiteten Bleche setzen. 10 Minuten backen, bis die Oberfläche bei sanftem Druck zurückfedert. Auf einem Kuchengitter vollständig auskühlen lassen.

Für die Füllung in einer Schüssel Margarine und Pflanzenfett grob verrühren. Den Puderzucker hinzufügen und alles zu einer krümeligen Masse verrühren. Sojamilch, Vanilleextrakt und Salz zugeben und auf hoher Stufe glatt rühren. Falls verwendet, die Lebensmittelfarbe zugeben und die Pistazien unterrühren.

Wenn die Whoopies abgekühlt sind, einen Klecks Füllung auf eine Unterseite geben (ich nutze dafür einen Spritzbeutel, es geht aber auch mit dem Löffel) und eine weitere Hälfte daraufsetzen.

CUPCAKES MIT ZITRONENBAISER

Bei der Arbeit an einem Rezept für Cupcakes im Stil der berühmten Key Lime Pie frustrierten mich die starren Vorschriften, was Limetten betrifft. Manche Leute tun so, als ob einem der Kopf explodiert, wenn man nicht Echte oder Mexikanische Limetten verwendet. Deshalb entschied ich mich stattdessen für Zitronenbaisertorte. Zitronen sind Zitronen, oder nicht? Diese fruchtige Zitronencreme ist ein abgewandeltes Rezept der erfolgreichen veganen Kochbuchautorin Bryanna Clark Grogan.

Ergibt 12 Cupcakes

Zutaten

ZITRONENCREME

120 ml frisch gepresster Zitronensaft (von 2–3 Zitronen)
150 g Zucker
2 EL Speisestärke
1 Prise Salz
abgeriebene Schale von 1 Bio-Zitrone
2 EL + 2 TL Sojamilch
1 EL vegane Margarine

TEIG

375 g vegane Vollkornkekse, zerbröselt
2 EL Zucker
75 g vegane Margarine, zerlassen

CUPCAKES

200 g Mehl
1 TL Backpulver
½ TL Natron
½ TL Salz
abgeriebene Schale von 1 Bio-Zitrone
150 g Zucker
80 ml Rapsöl
230 ml Sojamilch
1 TL Zitronenaroma (s. Anmerkung)
½ TL Vanilleextrakt

GLASUR

Kokos-Schlagsahne (S. 49)
abgeriebene Schale von 1 Bio-Zitrone
¼ TL Mandelextrakt

→

ZUBEREITUNG

Für die Zitronencreme in einer Rührschüssel Zitronensaft, 60 ml Wasser, Zucker, Stärke und Salz mit dem Mixer glatt rühren. In einen Topf gießen und die Zitronenschale zugeben. Bei mittlerer Hitze verrühren, bis die Mischung nach etwa 10 Minuten aufkocht. Kocht die Mischung, nicht mehr rühren und zum Eindicken 1 Minute köcheln lassen.

Vom Herd nehmen und Sojamilch und Margarine einrühren. Die Mischung auf Raumtemperatur abkühlen lassen, dann bis zur Verwendung in einem geschlossenen Behälter kühl stellen.

Den Backofen auf 180 °C vorheizen und ein 12er-Muffinblech mit Papierförmchen auslegen.

Für den Teig die Keksbrösel mit Zucker und Margarine vermengen. 1 EL der Mischung auf den Boden jedes Förmchens geben und mit den Fingern oder der Unterseite eines kleinen Glases festdrücken. Die übrigen Krümel zum Bestreuen aufheben.

Für die Cupcakes das Mehl in eine Schüssel sieben und mit Backpulver, Natron und Salz vermischen, dann auch Zitronenschale und Zucker unterrühren. In einem hohen Messbecher Öl, Sojamilch, Zitronenaroma und Vanilleextrakt verrühren. Dann die feuchten Zutaten mit den trockenen vermengen. Die Mulden des Muffinblechs zu zwei Dritteln mit Teig füllen und die Cupcakes 20–25 Minuten backen, bis die Oberfläche bei sanftem Druck zurückfedert. Nach 10 Minuten aus der Form nehmen und auf einem Kuchengitter vollständig auskühlen lassen.

Um die Cupcakes zu füllen, nach dem Abkühlen mit einem Küchenmesser von oben einen Kegel aus jedem Cupcake herausschneiden – das Loch sollte oben etwa 2,5 cm groß sein. Die Kegel könnt ihr entsorgen (ich entsorge sie in meinen Mund). Jedes Loch mit etwa 1½ TL Zitronencreme füllen.

Jeden Cupcake mit einem Klecks Kokos-Schlagsahne mit Zitronenschale und einem Tropfen Mandelextrakt garnieren. Mit den restlichen Keksbröseln bestreuen.

Anmerkung: Zitronenaroma ist intensiver und verfliegt weniger schnell als frisch gepresster Zitronensaft. Wählt eine naturbelassene, alkoholfreie Sorte, die größtenteils aus Zitronenöl besteht.

Party-Tipp

Wer kein Fan von Kokossahne ist, nimmt stattdessen eine einfache Zitronen-Buttercreme. Dazu 60 g vegane Margarine, 60 g ungehärtetes Pflanzenfett, 190 g Puderzucker und ¼ TL Zitronenaroma verrühren. Schön dick auftragen und genießen!

BACKMISCHUNGEN

Warum sollte man für eine fertige Backmischung mehrere Euro hinblättern, wenn man sie viel günstiger selbst herstellen kann – noch dazu ganz ohne Chemie?

SCHOKOKUCHEN-MISCHUNG

Den ersten veganen Schokokuchen lernte ich in der High School kennen. Bei Indie-Wrestling-Shows backte ich eine Variante davon für CM Punk und die anderen Wrestler. Dieses Rezept ergibt genug Teig für einen Kuchen. Unten habe ich die Backzeiten für verschieden große Formen aufgelistet.

ZUTATEN

TROCKENE ZUTATEN

375 g Mehl
400 g Zucker
60 g Kakaopulver
2 TL Natron
2 TL Salz

FLÜSSIGE ZUTATEN

175 ml Öl
2 TL Vanilleextrakt
2 EL Apfelessig

ZUBEREITUNG

Die trockenen Zutaten sieben, in einen großen Gefrierbeutel füllen und diesen verschließen. An einem kühlen Ort ist die Mischung bis zu 6 Monate haltbar.

Für den Kuchen die Mischung in eine Rührschüssel geben und die flüssigen Zutaten plus 475 ml kaltes Wasser hinzufügen. Mit dem Handmixer gut verrühren.

In eine gefettete Form geben und bei 180 °C etwa so lange wie unten angegeben backen. Je nach Backofen können die Zeiten abweichen. Unbedingt die Garprobe machen: Mit einem Holzstäbchen in die Mitte des Kuchens stechen. Haftet nach dem Herausziehen kein Teig mehr daran, ist der Kuchen gar. Sonst noch ein paar Minuten weiterbacken.

- 2 Backformen (20 x 20 cm): 33–36 Minuten
- 2 Backformen (23 x 23 cm): 28–31 Minuten
- 1 Backform (23 x 33 cm): 32–35 Minuten
- 1 Guglhupfform (24 cm Ø): 38–43 Minuten
- 2 12er-Muffinbleche: 18–21 Minuten
- ca. 60 Mini-Cupcake-Förmchen: 9–11 Minuten

ATLAS
MASON

VANILLEKUCHEN-MISCHUNG

Betrachtet diese Backmischung als Leinwand, die man mit Streuseln, Gewürzen oder Lebensmittelfarbe gestalten oder in Förmchen zu kleinen cremegefüllten Küchlein backen kann. Das Geheimnis des Rezepts liegt darin, den Teig gehen zu lassen – das gibt dem Backpulver Zeit zum Arbeiten. Damit der Kuchen schön locker wird!

ZUTATEN

TROCKENE ZUTATEN

340 g Mehl
300 g Zucker
2 EL Speisestärke
1 EL Backpulver
1 TL Salz

FLÜSSIGE ZUTATEN

300 ml Sojamilch
160 ml Öl
1 EL Vanilleextrakt
1 TL Apfelessig

ZUBEREITUNG

Die trockenen Zutaten sieben, in einen großen Gefrierbeutel füllen und diesen verschließen. An einem kühlen Ort ist die Mischung bis zu 6 Monate haltbar.

Für den Kuchen die Backmischung in eine Rührschüssel geben und die flüssigen Zutaten hinzufügen. Mit dem Handmixer gut verrühren.

Den Teig 5 Minuten gehen lassen, dann in eine gefettete Backform gießen und bei 180 °C backen. Die korrekte Backzeit findet ihr auf S. 31.

BESSER-ALS-SEX-KUCHEN

Früher gab es zwei Voraussetzungen für einen gelungenen Freitagabend: Moms Besser-als-Sex-Kuchen und im Fernsehen *Up All Night with Ronda Shea* mit meiner Lieblingsmoderatorin. Diese vegane Version des BaS-Kuchens ist freigegeben ab 13 Jahren.

Für 12–15 Personen

ZUTATEN

130 g Halbbitterschokolade (50 % Kakao)

1 EL Sojamilch

55 g gehackte Mandeln oder Mandelstifte

1 Portion Schokokuchen-Mischung (S. 31), in einer rechteckigen Backform (23 x 33 cm) gebacken

½ Portion Karamellsauce (S. 48)

1 Portion Kokos-Schlagsahne (S. 49)

ZUBEREITUNG

Ein Backblech mit Backpapier auslegen. Die Schokolade mit der Sojamilch im Wasserbad zerlassen (S. 181). Die Mandeln einrühren und die Mischung auf das Papier streichen. Im Kühlschrank etwa 20 Minuten abkühlen lassen, bis die Schokolade hart ist. Herausnehmen und in kleine Stücke hacken.

Mit dem Griff eines Holzlöffels 5 cm tiefe Löcher in den Kuchen stechen, sobald er abgekühlt ist. Die Karamellsauce in die Löcher und auf die Oberfläche träufeln. Mit der Hälfte der Schokolade bestreuen und mit der Sahne bestreichen. Dann die restliche Schokolade darauf verteilen.

NUSSIGER KÄSEKUCHEN

Chick-O-Sticks sind eine altmodische Süßigkeit mit Erdnussbutter und Kokosnuss. Sie sind vegan und in den USA noch dazu sehr günstig und an jeder Ecke erhältlich. Ich habe sie zerbröselt, um den Teig dieses cremigen Erdnussbutter-Kokos-Käsekuchens aufzupeppen. Man kann sie aber auch weglassen.

Für 8–10 Personen

ZUTATEN

TEIG

250 g vegane Vollkornkekse, fein zerbröselt
40 g Kokosraspel
¼ TL Salz
2 EL Rapsöl
1 EL Sojamilch

FÜLLUNG

70 g Cashewkerne
350 g Seidentofu, abgetropft
130 g Zucker
2 EL Demerarazucker (unraffinierter Rohrzucker)
1 EL Kokosöl bei Raumtemperatur, oder Kokosbutter
40 g Speisestärke
2 TL Zitronensaft
1½ TL Vanilleextrakt
½ TL Kokosaroma (nach Belieben)
¼ TL Salz
260 g Erdnussbutter mit Stückchen
50 g Kokosraspel
40 g gehackte Erdnüsse
zerbröselte Chick-O-Sticks zum Bestreuen (nach Belieben)

ZUBEREITUNG

Die Cashewkerne 2–8 Stunden in Wasser einweichen, bis sie sehr weich sind.

Den Backofen auf 180 °C vorheizen und eine Springform (24 cm Ø) fetten.

Für den Teig in einer Rührschüssel Keksbrösel, Kokosraspel und Salz vermengen. 2 EL Rapsöl hineinträufeln und alles gut vermischen. Die Brösel sollten feucht sein. Wenn nötig, mehr Öl zugeben. Dann die Sojamilch einrühren. Den Teig in die Springform drücken, 8–10 Minuten backen und abkühlen lassen. Den Ofen nicht ausschalten.

Für die Füllung die Cashewkerne abgießen und mit Tofu, Zucker, Demerarazucker, Kokosöl, Speisestärke, Zitronensaft, Vanilleextrakt, Kokosaroma, falls verwendet, und Salz im Standmixer zu einem glatten Teig verarbeiten – es sollten keine Cashewstücke mehr zu sehen sein. Erdnussbutter und Kokosraspel zugeben und auf Pulse-Stufe vermischen – dieses Mal sind Nussstückchen erwünscht.

Die Füllung auf den Teig gießen, mit gehackten Erdnüssen (und nach Belieben zerbröselten Chick-O-Sticks) bestreuen und auf oberster Schiene 45–50 Minuten backen, bis der Rand goldbraun und die Oberfläche aufgebläht ist. Damit sie nicht einreißt, eine feuerfeste Form mit 500 ml heißem Wasser auf der untersten Schiene mit in den Ofen stellen.

Den Käsekuchen aus dem Ofen nehmen und auf einem Kuchengitter 30 Minuten abkühlen lassen. Vor dem Anschneiden mindestens 3 Stunden in den Kühlschrank stellen.

FAHRRADKURIER-BROWNIES

Jeder Barista hat einen Namen dafür: eine Chai Latte mit doppeltem Espresso. Manche nennen das Dirty Chai, andere Speeder Chai, doch bei uns im Earwax Café in Chicago hieß es Fahrradkurier-Chai. Wenn ein Kerl (oder Mädel) mit einem hochgekrempelten Hosenbein, einer Kappe und Tattoos an seltsamen Stellen hereinkam, wusste man, es war Zeit, Espresso und Chai aufzubrühen. Diese Barista-inspirierten Brownies mit würziger Chai-Glasur sind dunkel und schokoladig.

Ergibt 9 große Brownies

ZUTATEN

BROWNIES

80 g Tofu, püriert
60 ml Espresso oder sehr starker Kaffee
120 ml Rapsöl
½ TL Mandelextrakt
125 g Mehl
125 g Puderzucker
60 g Kakaopulver
1 EL Speisestärke
½ TL Backpuler
½ TL Salz
100 g vegane Schokotropfen

CHAI-GLASUR

1 EL vegane Margarine, zerlassen
1 EL aufgebrühter schwarzer Tee
½ TL Vanilleextrakt
¼ TL gemahlener Zimt
¼ TL gemahlene Gewürznelken
¼ TL gemahlener Ingwer
¼ TL gemahlener Kardamom
90 g Puderzucker

ZUBEREITUNG

Den Backofen auf 170 °C vorheizen und eine Backform (23 x 23 cm) mit Backpapier auslegen.

Für die Brownies in einer kleinen Schüssel Tofu, Espresso, Öl und Mandelextrakt verrühren. Das Mehl in eine große Schüssel sieben und mit Zucker, Kakao, Stärke, Backpulver und Salz vermischen. Die feuchten Zutaten zu den trockenen geben und alles gut verrühren, dann die Schokotropfen unterziehen. Den Teig in die Form füllen und 20–25 Minuten backen, bis die Ränder fest sind, aber bei der Garprobe (S. 31) noch ein paar Krümel am Holzstäbchen haften bleiben. Im Blech auf einem Kuchenrost mindestens 1 Stunde abkühlen lassen.

Für die Glasur alle Zutaten mit einer Gabel verrühren. Falls sie zu dickflüssig ist, mit mehr Tee verdünnen und in einen Gefrierbeutel füllen. Die Luft aus dem Beutel drücken und diesen fest verschließen. Eine Ecke abschneiden und die Glasur auf die abgekühlten Brownies träufeln. Vor dem Anschneiden und Servieren 15 Minuten fest werden lassen.

Party-Tipp

Diese Brownies erinnern eher an Schokokuchen. Für zähere, klebrigere Brownies das Rezept auf S. 41 probieren.

WE ARE HAPP
TO SERVE YO

BLACK METAL FOREST BROWNIES

Mit dem Schwarzwald, dem »Black Forest«, haben diese Brownies nichts zu tun. Der Black Metal Forest ist ein fiktiver Ort in Norwegen, wo Fenriz von der Band Darkthrone und ich Brownies backen und mit Streitäxten in Stücke hacken. Für dieses kirschgetränkte Metal-Zuckerwerk habe ich ein ehemals streng geheimes Brownie-Rezept meiner Freundin Melisser Elliott, Autorin von *The Vegan Girl's Guide to Life*, adaptiert.

Ergibt 9 große Brownies

ZUTATEN

250 g Mehl
80 g Kakaopulver
¾ TL Backpulver
¾ TL Salz
1 EL geschrotete Leinsamen
400 g Zucker
120 ml Rapsöl
1 TL Vanilleextrakt
85 g vegane Schokotropfen
80 g Sauerkirschen aus dem Glas
Zucker (nach Geschmack)
1 EL Speisestärke
Kokos-Schlagsahne (S. 49)
vegane dunkle Schokospäne

ZUBEREITUNG

Den Backofen auf 180 °C vorheizen. Eine Backform (23 x 23 cm) mit Backpapier auslegen oder leicht fetten.

Mehl, Kakaopulver, Backpulver und Salz in eine kleine Schüssel sieben und mit dem Leinsamenschrot vermischen. In einer großen Schüssel den Zucker mit Öl, 160 ml Wasser und Vanilleextrakt verrühren. Die trockenen Zutaten zu den feuchten geben und alles zu einem dicken Teig verrühren. Die Schokotropfen unterheben und den Teig in die Form geben. Die Sauerkirschen mit etwas Saft sowie Zucker und Speisestärke vermischen, in einem Topf kurz aufkochen und andicken lassen. Die Mischung auf den Teig löffeln und vorsichtig unterheben.

Etwa 35 Minuten in den Ofen schieben, bis die Ränder fest sind. In der Mitte sieht die Oberfläche dann noch feucht aus und reißt auf.

Vor dem Servieren einen Klecks Kokos-Schlagsahne auf jeden Brownie setzen und mit Schokospänen garnieren.

SUPERSAFTIGE SCHOKO-COOKIES

In den USA kennt man diese Cookies als German's Chocolate Cookies. Das hat nichts mit Deutschland zu tun. Vielmehr wurde der beliebte German Chocolate Cake nach Sam German benannt, dem Erfinder einer extrasüßen Backschokolade. Diese weichen, schokoladigen Leckereien sind quasi eine Schokotorte im Taschenformat.

Ergibt etwa 30 Cookies

ZUTATEN

200 g Mehl
40 g Weizenvollkornmehl
40 g Kakaopulver
½ TL Natron
½ TL Backpulver
¾ TL Salz
300 g Zucker
160 ml Sojamilch
160 ml Rapsöl
2 EL geschrotete Leinsamen
1 TL Vanilleextrakt
120 g kernige Haferflocken
130 g vegane Schokotropfen
50 g Kokosraspel
50 g Pekannusskerne, gehackt

ZUBEREITUNG

Den Backofen auf 180 °C vorheizen. Bleche mit Backpapier auslegen.

Beide Mehlsorten in eine große Rührschüssel sieben und mit Kakao, Natron, Backpulver und Salz vermischen. In einer mittelgroßen Schüssel Zucker, Sojamilch, Öl, Leinsamen und Vanilleextrakt etwa 2 Minuten mit dem Handmixer verrühren, bis die Masse schön fest ist. Die feuchten Zutaten locker mit der Mehlmischung verrühren. Haferflocken, Schokotropfen, Kokosraspel und Pekannüsse unterziehen.

Gehäufte Esslöffel mit Teig auf die vorbereiteten Backbleche setzen und 10–12 Minuten backen, bis die Ränder fest sind. 5 Minuten auf den Blechen abkühlen lassen, dann zum vollständigen Auskühlen auf Kuchengitter legen.

Party-Tipp

Da der Teig keine Eier enthält, muss er nicht ganz durchgebacken sein. Ich hole die Cookies gerne etwas früher aus dem Ofen, denn ich mag sie weich.

FRUCHTPUNSCHKÜCHLEIN

Der Bombshell Bake Shop in Ohio macht unglaublich gute Cookies, doch von all ihren Leckereien mag ich diese gefüllten Küchlein am liebsten. Es handelt sich um eine fruchtig-vegane Version der in den USA so beliebten Twinkies. Ihre rote Farbe erhalten sie durch Tropical Punch Kool-Aid, ein Instant-Getränkepulver, das man im Internet bestellen kann. Falls ihr mal vor Ort seid, müsst ihr sie unbedingt probieren. Bis dahin könnt ihr euch mit meiner Version trösten.

Ergibt etwa 16 Stück

ZUTATEN

KÜCHLEIN

1 Tütchen (4,5 g)
Tropical Punch Kool-Aid

1 Portion Vanillekuchen-Mischung, zu Teig verarbeitet (S. 33)

FÜLLUNG

60 g ungehärtetes Pflanzenfett

60 g vegane Margarine

220 g Puderzucker

2–3 EL Sojamilch

1¼ TL Vanilleextrakt

¼ TL Kokosaroma

1 Prise Salz

ZUBEREITUNG

Den Backofen auf 180 °C vorheizen. Mini-Kastenformen oder selbst gebastelte Backformen einfetten (siehe S. 181).

Das Kool-Aid-Pulver mit dem Teig verrühren. In jedes Förmchen 4 EL Teig füllen. 18–20 Minuten backen, bis die Oberfläche bei leichtem Fingerdruck zurückfedert. In den Formen 5 Minuten abkühlen lassen, dann auf einem Kuchenrost vollständig auskühlen lassen.

Währenddessen für die Füllung in einer Rührschüssel Pflanzenfett und Margarine gut verrühren, dann den Zucker unterrühen. Mit 2 EL der Sojamilch, Vanilleextrakt und Kokosaroma zu einer luftigen Masse schlagen. Ist die Konsistenz zu fest, 1 weiteren EL Sojamilch einrühren.

Wer eine Garnierspritze besitzt, gibt die Füllung hinein und gibt in jeden Kuchen von unten drei Spritzer. Ansonsten mit einem Essstäbchen oder Strohhalm drei Löcher in den flachen Boden bohren und mithilfe eines Spritzbeutels (oder einfach einem Gefrierbeutel mit abgeschnittener Ecke) füllen.

»HUNDEFUTTER«

Wer mal ein Highschool-Jahr in den USA verbracht hat, erinnert sich sicherlich an diese Mischung aus Schokolade, Erdnussbutter und Reiscerealien mit dem unappetitlichen Namen »Puppy Chow« (Welpenfutter), die bei keiner Übernachtungs- oder Schulparty fehlen darf. Diese Variante habe ich durch ein paar schmackhafte neue Elemente und obendrein sogar ein oder zwei gesunde Zutaten ergänzt.

Für 12–14 Personen

ZUTATEN

280 g Frühstückscerealien aus Mais oder Reis

150 g gesalzene Cashewkerne

90 g Kokosraspel

75 g Rosinen

210 g vegane Schokotropfen

200 g Erdnussbutter

60 g vegane Margarine

1 TL Vanilleextrakt

30 g Leinsamen

190 g Puderzucker

ZUBEREITUNG

Die Cerealien mit den Cashewkernen, Kokosraspel und Rosinen in einer großen Schüssel vermischen und beiseitestellen. Schokotropfen, Erdnussbutter und Margarine in eine mikrowellenfeste Schale geben und 1 Minute in der Mikrowelle erhitzen. Umrühren und weitere 30 Sekunden in die Mikrowelle stellen, falls noch nicht alles zerlassen ist. Alternativ die Zutaten im Wasserbad schmelzen (S. 181). Vanilleextrakt einrühren und alles auf die Cerealienmischung gießen. Alles vermischen, dann die Leinsamen einstreuen und erneut alles gut verrühren.

Die Mischung in eine große, verschließbare Plastiktüte füllen, den Puderzucker hineingeben und fest verschließen. Schütteln, bis alles überzogen ist. Auf eine Lage Backpapier schütten und auskühlen lassen.

KARAMELLSAUCE

Diese Karamellsauce ist eine Allzweckwaffe – man kann sie über vegane Eiscreme träufeln, Kuchen und Cupcakes damit füllen oder sie sich beim coolsten Trinkspiel der Welt als Shot hinter die Binde kippen. So wie bei konventionellem Karamell die Butter der Star ist, steht in diesem Rezept die Margarine im Rampenlicht – also unbedingt eine buttrige, geschmacksintensive Sorte verwenden.

Ergibt etwa 475 ml

ZUTATEN

2 EL Pfeilwurzelmehl
175 ml Sojamilch
115 g vegane Margarine
100 ml Ahornsirup
200 g Zucker
½ TL Salz
1 TL Vanilleextrakt

ZUBEREITUNG

In einem großen Messbecher das Pfeilwurzelmehl mit der Sojamilch verrühren und beiseitestellen.

In einem großen Topf bei kleiner bis mittlerer Hitze die Margarine mit Ahornsirup, Zucker und Salz erhitzen. Dabei ständig rühren, bis die Margarine zerlassen ist und die Mischung zu blubbern beginnt.

Die Sojamilchmischung hinzugießen und bei mittlerer Hitze erneut aufkochen. Dabei mit dem Schneebesen verrühren. Vom Herd nehmen und Vanilleextrakt einrühren.

Im Topf 15 Minuten abkühlen lassen, dann in einen Vorratsbehälter umfüllen. Im Kühlschrank ist die Karamellsauce bis zu zwei Wochen haltbar.

Party-Tipp

Kokosnussfans ersetzen die Margarine durch Kokosfett. Außerdem kann man mit unterschiedlichen Aromen wie Zitrus oder Zimt experimentieren – so erhält man leckere Varianten.

KOKOS-SCHLAGSAHNE

Dieses Rezept taucht häufig in diesem Buch auf, weil es für mich die einfachste und gesündeste Art ist, vegane Schlagsahne zuzubereiten – keine teuren Stabilisatoren oder Zaubertricks nötig. Mit einem viertel oder halben Teelöffel eures Lieblingsaromas, einer Prise Espressopulver, gemahlenem Zimt oder Kakaopulver kann man sie wunderbar variieren.

Ergibt einen Kuchen oder 12 Cupcakes

ZUTATEN

3 Dosen Kokosmilch (à 400 ml) (s. Anmerkung)

60 g Puderzucker

ZUBEREITUNG

Die Kokosmilch und die Rührstäbe des Handmixers in den Kühlschrank stellen und 4–12 Stunden – am besten über Nacht kühlen.

Die Kokosmilch-Dosen öffnen, ohne sie vorher zu schütteln, und die feste Creme an der Oberfläche abschöpfen – aus jeder Dose etwa 10 ml. Die Creme in eine Rührschüssel geben, den Zucker hinzufügen und mit den gekühlten Rührstäben in 1–2 Minuten leicht steif schlagen.

Anmerkung: Es ist wichtig, Vollfett-Kokosmilch zu verwenden. Die Marke ist egal – einfach im Asiamarkt eures Vertrauens oder in der Asiaecke eures Supermarkts schauen.

Party-Tipp

Kokos-Schlagsahne wird beim Abkühlen fest. Man kann sie etwa 30 Minuten in den Kühlschrank stellen und mithilfe eines Spritzbeutels Kuchen damit dekorieren. Stellt ihr die Kuchen kalt, solltet ihr vor dem Servieren 30 Minuten warten, bis die Sahne wieder weich ist.

VERRÜCKTE IDEEN FÜR KOMPLETT DURCHGEKNALLTE DESSERTS

Vor nicht allzu langer Zeit schickte mir mein Freund James eine E-Mail, die als beste E-Mail aller Zeiten in die Geschichte einging (grüßt ihn mal unter @chillhartman bei Twitter). Darin beschrieb er seine Ideen für das ultimative Dessert – super süß, total dekadent und komplett übertrieben: ein Kuchen gefüllt mit einer mit Cookies gefüllten Pie. Diese Idee haben wir aufgrund von bautechnischen Vorbehalten noch nicht umgesetzt – und weil wir nicht an einem Herzinfakt sterben wollen. Sie diente aber als Inspiration für die folgenden Rezepte für richtig durchgeknallte Desserts.

JENSEITS DES PERMAFROSTS

Wisst ihr, was toll ist? Glasur. Wisst ihr, was noch toller ist? Glasur mit leckeren Krümeln drin. Zerbröselt 50–100 g Kekse oder Süßigkeiten im Standmixer und gebt sie in eure Lieblingsglasur. Hier sind ein paar meiner liebsten veganen Ergänzungen:

- vegane Schoko-Doppelkekse
- vegane Brezelchen
- Kartoffelchips
- scharfe Zimtbonbons, z. B. Atomic Fireballs
- Erdnussbutterplätzchen wie Nutter Butter
- Zitronenbonbons

CAKE SHAKE

Kindergeburtstage waren für mich eine Qual – schicke Kleider, Rüschensocken, von fremden Müttern herumkommandiert werden – doch eine Sache half mir, sie zu überstehen: Ich vermanschte Kuchen und Eiscreme, was zu einer wahren Geschmacksexplosion führte. Wer das nachmachen will: Im Standmixer einfach ein Stück Kuchen mit 1–2 Kugeln veganer Eiscreme vermischen und mit dem größten Strohhalm, den man finden kann, schlürfen. Ideal für den Abschied vom letzten, schon etwas trockenen Stück Geburtstagskuchen. Oder frisch zubereiten wie ich in meinem Gewinnerrezept bei der TLC Cake Crew Challenge: Cake, Shake, Rattle and Roll. Auf meinem Blog könnt ihr euch ein Videotutorial dazu ansehen!

MADAME COOKIEBOTTOM

Gebt euren Cupcakes den besonderen Kick, indem ihr einen veganen Schoko-Doppelkeks in die Papierförmchen legt, bevor ihr den Teig einfüllt. Der Keks wird beim Backen weich und sorgt bei jedem Happen für eine Extraportion Schoko. Mit Doppelkeksen lassen sich auch einfach und schnell Mini-Käsekuchen zubereiten. Einfach einen Keks in das Förmchen legen, mit Käsemasse bestreichen und backen. Ich habe das mit ganz verschiedenen, etwa 5 cm großen Keksen ausprobiert. Doppelkekse sind und bleiben aber meine Favoriten.

Kapitel 2

Schlemmerfrühstück

Während ihr meine Frühstücksrezepte durchlest, fällt euch vielleicht ein wiederkehrendes Thema auf: Ich tue mein Bestes, um mein muffeliges, verschlafenes morgendliches Selbst auszutricksen. Ich weiß, dass viele Leute maulen und grummeln, wenn sie aus den Federn müssen, aber ich kenne nicht viele, die den anbrechenden Tag tatsächlich anfauchen. Ich bin so ein Mensch. Die ersten paar Minuten nach dem Aufwachen verbringe ich damit, Ausreden zu erfinden, warum ich im Bett bleiben muss. *Habe ich Halskratzen? Ich glaube, ich habe Halskratzen. Wenn ich aufstehe, stecke ich alle anderen an. Am besten bleibe ich wohl liegen.*

Der einzige Grund, warum ich dann doch irgendwann aus dem Schlafzimmer schlurfe, ist die Tatsache, dass ich am Verhungern bin. Das Erwachsenwerden und die damit einhergehende gesunde Ernährung haben Cerealien für mich ruiniert. Und Haferschleim ist in Schälchen gefüllte Niedergeschlagenheit. Im Notfall tut's kalte Pizza, aber warum nicht mal etwas wagen?

In diesem Kapitel findet ihr vollwertige Bällchen für die erste Mahlzeit des Tages unterwegs, von einem Elvis imitierenden Profi-Wrestler inspirierte Arme Ritter, Vollkorn-Donuts, zweifarbige Muffins und einen als Milchshake verkleideten günen Smoothie.

Mit ein bisschen Planung – manchmal reicht es schon, sicherzustellen, dass ihr Mehl und Ahornsirup im Haus habt – könnt ihr ein veganes Frühstück zubereiten, für das sich das Aufstehen lohnt. Und vielleicht werdet ihr euch das Tofu-Rührei auch mal zum Abendessen machen oder mittags in einen gesunden Donut beißen. Ganz bestimmt sogar.

ARME RITTER »HONKY TONK«

In den Staaten werden Kombinationen aus Erdnussbutter und Bananen meistens nach Elvis Presley benannt, der Erdnussbutter-Bananen-Sandwiches beinahe ebenso sehr liebte wie verschreibungspflichtige Medikamente und Strass. Ich habe hier einen Kuchen mit Erdnussbutter und Bananen gebacken, die Scheiben dann in Erdnussbuttersauce eingeweicht. Das Ergebnis ist ein Elvis-inspirierter Knaller, ähnlich wie der Profi-Wrestler Honky Tonk Man. Bereitet den Kuchen am Vorabend zu, damit er genug Zeit zum Austrocknen hat.

Für 6–8 Personen

ZUTATEN

BANANENKUCHEN

220 g Mehl
2 TL Backpulver
¼ TL Natron
¼ TL gemahlener Piment
½ TL Salz
75 g ungehärtetes Pflanzenfett
200 g ungesüßte Erdnussbutter, cremig oder stückig
130 g Zucker
3 große reife Bananen, zerdrückt
½ TL Vanilleextrakt

ARME RITTER

260 g cremige Erdnussbutter
350 ml Sojamilch
2 EL Speisestärke oder Pfeilwurzelmehl
1 TL Vanilleextrakt
1 TL gemahlener Zimt
1 EL Öl für die Pfanne

ZUBEREITUNG

Den Backofen auf 180 °C vorheizen. Eine Kastenform (20 cm) einfetten und mehlen.

Für den Kuchen das Mehl in ein Schälchen sieben und mit Backpulver, Natron, Piment und Salz vermischen. In einer Rührschüssel mit dem Handmixer Pflanzenfett und Erdnussbutter cremig rühren, dann Zucker, Bananenmus und Vanilleextrakt unterrühren. Mit einem Holzlöffel die trockenen Zutaten mit den feuchten vermengen. Den Teig in die Backform gießen, 40–50 Minuten goldbraun backen und die Garprobe machen (S. 31). 15 Minuten in der Form stehen lassen, dann zum Auskühlen auf ein Kuchengitter legen.

Den vollständig ausgekühlten Kuchen in Scheiben schneiden und diese offen aufbewahren, damit sie etwas antrocknen (am besten über Nacht).

Für die Armen Ritter den Backofen auf 180 °C vorheizen. Die Erdnussbutter in eine mikrowellenfeste Schale geben und in 30–60 Sekunden schmelzen. Die zerlassene Erdnussbutter mit Sojamilch, Stärke, Vanilleextrakt und Zimt verrühren. Die Erdnussbuttermischung in ein tiefes Backblech gießen und die Kuchenscheiben hineinlegen. Wenden, sodass sie rundherum überzogen sind, und 10 Minuten ziehen lassen.

Die Kuchenscheiben auf ein gefettetes Backblech legen und 30 Minuten backen, dabei nach der Hälfte der Zeit wenden. Die Armen Ritter sind fertig, sobald die Scheiben warm und leicht knusprig sind.

Mit warmem Ahornsirup und Bananenscheiben servieren.

BRATKARTOFFELN MIT JACKFRUCHT-HACK

Wie ihr wisst, bin ich morgens total muffelig und müde, daher bereite ich mein Frühstück gerne am Vorabend vor. Vor dem Schlafengehen die Jackfrucht, die man im Asialaden bekommt, anbraten und die Süßkartoffeln schälen und würfeln. Dann wartet morgens eine rauchig-süße Hackpfanne auf euch, die euch im Nu ein Lächeln ins Gesicht zaubert.

Für 4–6 Personen

ZUTATEN

RAUCHIGE JACKFRUCHT

1 Dose (565 g) junge Jackfrucht in Salzwasser

1 EL Olivenöl

2 Knoblauchzehen, fein gewürfelt

125 g passierte Tomaten

1 EL Hefeflocken

1 EL Bragg Liquid Aminos oder Sojasauce

1 EL Ahornsirup

1 TL Zwiebelpulver

1 TL Hickory Flüssigrauch

1 TL geräuchertes Paprikapulver

½ TL Salz

BRATKARTOFFELN

700 g Süßkartoffeln, geschält und gewürfelt (etwa 2 Kartoffeln)

1 EL Olivenöl

1 mittelgroße Zwiebel, gewürfelt

120 g Walnusskerne, gehackt und geröstet

ZUBEREITUNG

Für die rauchige Jackfrucht die Jackfrucht abgießen, abspülen und so viel Wasser wie möglich herauspressen. Das Öl in einer mittelgroßen Pfanne bei mittlerer Temperatur erhitzen, den Knoblauch 1 Minute anschwitzen, dann die Jackfrucht zugeben und 3–4 Minuten mitbraten.

In der Zwischenzeit in einer großen Schüssel die passierten Tomaten mit 60 ml Wasser, Hefeflocken, Bragg oder Sojasauce, Ahornsirup, Zwiebelpulver, Flüssigrauch, Paprika und Salz verrühren. Die gebratene Jackfrucht untermischen und alles in einen Schongarer geben.

Auf hoher Stufe garen, dabei etwa alle 15 Minuten umrühren und bei Bedarf Wasser nachfüllen. Wenn die Jackfrucht nach etwa 1 Stunde weich ist, mit zwei Gabeln zerrupfen. Wer keinen Schongarer besitzt – es geht auch im Backofen (ca. 20 Minuten bei 160 °C).

In ein verschließbares Gefäß füllen und für mehrere Stunden oder über Nacht in den Kühlschrank stellen.

Für die Bratkartoffeln die Süßkartoffeln mit 120 ml Wasser in eine große mikrowellenfeste Schale geben und abdecken. Auf hoher Stufe etwa 8–10 Minuten garen, bis die Kartoffeln weich sind, abgießen und beiseitestellen. Man kann sie natürlich auch im Topf garen.

Das Öl in einer großen Bratpfanne bei mittlerer bis hoher Termperatur erhitzen. Die Zwiebeln in 6–8 Minuten weich und glasig schwitzen, dann Süßkartoffeln, Walnusskerne und Jackfrucht zugeben. 5–8 Minuten braten, bis die Kartoffeln sich braun färben. Wenn nötig, etwas mehr Öl zugeben.

EARLY BIRD SPECIAL

Dieses Rezept habe ich mir an einem kalten Chicagoer Wintermorgen ausgedacht, als ich die sonnige Seniorenwohnanlage meiner Großeltern in Florida vermisste. Das Beste an Sommern mit Don und Sharon ist das späte Frühstück. Ich bin dann immer so voll mit Pfannkuchen, dass ich erst nachmittags um vier Uhr zu Mittag essen kann. Hier habe ich den Geschmack von Pancakes in Donuts übersetzt, weil man Pancakes nicht in Kaffee tunken kann! Zu Orangensaft-Granita (S. 82) servieren und beim Essen in voller Lautstärke den Wetterbericht ansehen.

Ergibt 12 Donuts

ZUTATEN

250 g Mehl
2 TL Backpulver
1 TL Salz
1 TL gemahlener Zimt
½ TL gemahlene Muskatnuss
75 g brauner Zucker
80 g Ahornsirup
1 EL vegane Margarine, zerlassen und abgekühlt
1 reife Banane, zerdrückt
175 ml Sojamilch
½ TL Vanilleextrakt
150 g veganer Bacon (s. Anmerkung)
2 EL Öl

ZUBEREITUNG

Den Backofen auf 170 °C vorheizen und ein Donutblech (ersatzweise ein Muffinblech) einfetten.

Mehl, Backpulver, Salz, Zimt und Muskatnuss in eine Rührschüssel sieben, vermischen und beiseitestellen. In einer kleinen Schüssel den braunen Zucker mit Ahornsirup, Margarine, Banane, Sojamilch und Vanilleextrakt verrühren. Die feuchten Zutaten leicht mit den trockenen verrühren.

Jede Vertiefung der Backform zu zwei Dritteln mit Teig füllen und 10–12 Minuten backen, bis die Oberfläche bei leichtem Druck zurückfedert. Noch heiß aus der Form nehmen und auf einem Kuchengitter auskühlen lassen.

Während die Donuts backen, den Bacon zubereiten, falls verwendet. Dazu mit einem Pizzaschneider die Schinkenscheiben in vier schmale Streifen schneiden. In einer großen Pfanne Öl erhitzen. Die Streifen vorsichtig ins heiße Öl legen und mit einer Küchenzange zu »Nestern« formen. Diese auf die warmen Donuts legen und mit Ahornsirup beträufeln.

Anmerkung: Man kann den veganen Bacon auch weglassen und stattdessen 60 g gehackte, geröstete Wal- oder Pekannusskerne in den Teig geben, damit die weichen Donuts etwas Biss bekommen.

VOLLKORNIGE SCHOKO-KOKOS-DONUTS

Hier handelt es sich nicht um den typischen Schoko-Donut. Dank Vollkornmehl und Tofu geht er als richtiges Frühstück durch und nicht als ungesundes Teilchen, das man sich auf dem Weg zur Arbeit beim Bäcker holt. Er ist luftig und locker. Für noch mehr Genuss 90 g gehackte dunkle Schokolade und 50 g Pekannüsse in den Teig geben.

Ergibt 12 Donuts

ZUTATEN

240 g Weizenvollkornmehl
30 g Kakaopulver
1 TL Backpulver
½ TL Natron
½ TL Salz
2 EL Rapsöl
60 g Seidentofu, püriert, oder Sojajoghurt
75 g brauner Zucker
175 ml Kokosmilch
125 ml Sojamilch
100 g Kokosraspel

OPTIONALER SCHOKOGUSS

175 g vegane Schokolade, gehackt, oder Schokotropfen

ZUBEREITUNG

Den Backofen auf 180 °C vorheizen und die Donutform (alternativ Muffinform) einfetten.

Mehl, Kakao, Backpulver, Natron und Salz in eine große Rührschüssel sieben. In einer mittelgroßen Schüssel Öl, Tofu, braunen Zucker, Kokosmilch und Sojamilch verrühren. Die Kokosmilchmischung vorsichtig mit der Mehlmischung vermengen. Die Kokosraspel unterheben und die Vertiefungen für die Donuts halbvoll mit Teig füllen. 12–15 Minuten backen, bis die Oberfläche bei leichtem Druck zurückfedert. In der Form 5 Minuten abkühlen, dann auf einem Kuchengitter vollständig auskühlen lassen.

Für den optionalen Schokoguss die Schokolade im Wasserbad unter Rühren schmelzen (S. 181), dann vom Herd nehmen. Die Donuts in die Schokolade tunken und für etwa 10 Minuten auf Backpapier legen, bis die Schokolade fest ist.

BANANEN-MÖHREN-DONUTS

Schon als Kind war ich anders, da ich Möhrenkuchen lieber mochte als Schokolade. Der feuchte Teig und die unerwartete Süße in Kombination mit Gewürzen machen Carrot Cake zu etwas Besonderem. Eine Variante sind diese Möhren-Donuts mit tropischer Kokos-Ananas-Glasur.

Ergibt 12 Donuts

ZUTATEN

DONUTS

110 g vegane Margarine
100 g brauner Zucker
½ TL Salz
½ TL Vanilleextrakt
1 reife Banane, zerdrückt
60 ml Sojamilch
1 mittelgroße Möhre (70 g), fein geraspelt
90 g Walnusskerne, gehackt
250 g Mehl
2 TL gemahlener Zimt
½ TL gemahlene Muskatnuss
1½ TL Backpulver
1½ TL Natron

KOKOS-ANANAS-GLASUR

60 ml Cream of Coconut
40 g frische Ananas, in Stücke geschnitten
375 g Puderzucker
2–3 EL Sojamilch

ZUBEREITUNG

Den Backofen auf 170 °C vorheizen und das Donutblech (alternativ Muffinblech) einfetten.

Für die Donuts in einer großen Schüssel mit dem Handmixer Margarine, braunen Zucker und Salz verrühren. Bananen, Sojamilch und Vanilleextrakt hinzufügen und glatt rühren. Die Möhren und Walnusskerne einrühren.

In eine zweite Schüssel Mehl, Zimt, Muskatnuss, Backpulver und Natron sieben. Vorsichtig die trockenen Zutaten mit den feuchten vermengen.

Die Donutformen halb voll mit Teig füllen und 12–15 Minuten backen. Im Blech 5 Minuten abkühlen, dann auf einem Kuchengitter vollständig auskühlen lassen.

Für die Glasur Cream of Coconut, Ananas und Puderzucker im Standmixer auf Pulse-Stufe oder mit dem Pürierstab glatt pürieren. Ist die Glasur zu dickflüssig, etwas Sojamilch zugeben. Jeden Donut in die Glasur tunken und etwa 5 Minuten auf Backpapier oder ein Kuchengitter legen, bis die Glasur fest ist.

FRÜHSTÜCKSHAPPEN

Wenn ihr wie ich morgens keine Lust habt, eine ordentliche Mahlzeit zuzubereiten, backt diese gesunden Haferhäppchen am Vorabend und reduziert die Morgenmuffelei damit um 75 Prozent. (Diese Statistik ist nicht von der Lebensmittelüberwachungsbehörde geprüft und höchstwahrscheinlich erfunden.) Die weichen Bällchen schmecken pur schon köstlich, man kann sie aber auch mit Erdnussbutter bestreichen oder in Joghurt geben. Tauscht Trockenobst und Nüsse ruhig gegen eure Lieblingssorten aus.

Ergibt etwa 30 Häppchen

ZUTATEN

1 reife Banane, zerdrückt
60 g ungesüßtes Apfelmus
2 EL Rapsöl
2 EL Ahornsirup oder Agavendicksaft
Saft von ½ Zitrone
1 TL Vanilleextrakt
80 g kernige Haferflocken
60 g Weizenvollkornmehl
45 g Kokosraspel
60 g Walnusskerne, gehackt
80 g getrocknete Cranberrys
2 EL geschroteter Leinsamen
1 EL geschälter und fein gewürfelter Ingwer
abgeriebene Schale von 1 Bio-Zitrone
½ TL Salz
½ TL gemahlener Zimt

ZUBEREITUNG

Den Backofen auf 180 °C vorheizen und zwei Bleche mit Backpapier auslegen.

In einer kleinen Schüssel Banane, Apfelmus, Öl, Ahornsirup, Zitronensaft und Vanilleextrakt verrühren. In einer größeren Schüssel Haferflocken, Mehl, Kokosraspel, Walnusskerne, Cranberrys, Leinsaat, Ingwer, Zitronenschale, Salz und Zimt vermischen. Die feuchten Zutaten mit den trockenen vermengen. Den Teig in gehäuften Esslöffeln auf die Bleche geben, dabei einen Mindestabstand von 2,5 cm zwischen den Happen lassen. Mit der Handfläche leicht platt drücken. 20–22 Minuten backen, bis Oberfläche und Ränder leicht gebräunt sind. Auf einem Kuchengitter vollständig auskühlen lassen.

DAS EINZIG WAHRE TOFU-RÜHREI

Meinem Freund Ricky zufolge ist Tofu-Rührei die ultimative vegane Enttäuschung. Dagegen lässt sich wenig einwenden, denn dieser Klassiker der veganen Küche ist meist beige und geschmacklos. Mit diesem griechisch angehauchten Rezept wollte ich Ricky beweisen, dass es auch anders geht. Aromatische italienische Kräuter treffen auf Zitronensaft und Kalamata-Oliven und machen aus der Tofu-Enttäuschung ein herzhaftes Vergnügen.

Für 4–6 Personen

ZUTATEN

2 EL Öl

4 Knoblauchzehen, fein gewürfelt

400 g extrafester Tofu

1 EL italienische Kräuter

½ TL Salz

3 EL frisch gepresster Zitronensaft

3 EL Hefeflocken

40 g getrocknete Tomaten, gehackt

55 g Kalamata-Oliven, in Scheiben geschnitten

ein paar Handvoll Spinat, gewaschen und gehackt

ZUBEREITUNG

Öl in einer großen Pfanne bei mittlerer bis hoher Temperatur erhitzen und den Knoblauch etwa 1 Minute unter häufigem Rühren anschwitzen. Den Tofu in mundgerechte Stücke brechen und in die Pfanne geben. Etwa 10 Minuten braten, dabei mit einem Pfannenwender aus Metall hin und wieder wenden und über den Pfannenboden schaben, damit nichts ansetzt.

In einer kleinen Schüssel oder einem Messbecher Kräuter, Salz und Zitronensaft verrühren. Diese Mischung und die Hefeflocken zum Tofu geben und weitere 5 Minuten braten. Tomaten, Oliven und Spinat in die Pfanne geben und weiterbraten, bis der Spinat nach 2–3 Minuten zusammenfällt.

SÜDSTAATEN-FRÜHSTÜCK

Meine Schwester bat mich, dieses Rezept für ihren Mann Will zu schreiben. Er sieht aus wie der Wrestler Ricky »the Dragon« Steamboat, deshalb würde ich fast alles für ihn tun. Im Südwesten der USA werden für die beliebte Eierspeise Migas Tortillareste zu einem für Texaner tauglichen, sättigenden Frühstück verarbeitet. Ich nehme Tofu statt Eiern und ersetze Chorizo durch schwarze Bohnen, ansonsten halte ich mich an das Originalrezept, um Will glücklich zu machen.

Für 4–6 Personen

ZUTATEN

2 EL Öl

200 g extrafester Tofu, abgetropft

½ süße Zwiebel, gewürfelt

70 g Champignons, in Scheiben geschnitten

½ rote Paprikaschote, Samen entfernt und in Stücke geschnitten

1 Chipotle in Adobosauce, abgespült und fein gehackt

1 Dose (425 g) schwarze Bohnen, abgespült und abgetropft

1 reife Tomate, gewürfelt

3 EL Hefeflocken

½ TL Salz + mehr nach Geschmack

225 g Spinat, gehackt

1 EL Pflanzenöl

4–6 Maistortillas (siehe Party-Tipp)

frisch gemahlener schwarzer Pfeffer

NACH BELIEBEN

Koriandergrün, gehackt

1 Avocado, geschält, entsteint und gewürfelt

1 Limette, in Spalten geschnitten

ZUBEREITUNG

Das Öl in einer großen Pfanne bei mittlerer bis hoher Temperatur erhitzen. Den Tofu in mundgerechte Stücke brechen und in der Pfanne 5 Minuten braten, dabei mit einem Pfannenwender aus Metall hin und wieder wenden. Zwiebel, Pilze, Paprika und Chili hinzufügen und weitere 5 Minuten braten.

Die schwarzen Bohnen, Tomaten, Hefeflocken und Salz unterrühren und weitere 5 Minuten braten. Migas ist traditionell ein feuchtes Gericht, wenn es euch zu feucht ist, die Hitze hochschalten, damit ein wenig Flüssigkeit verdampft.

Währenddessen die Tortillas anbraten: 1 EL Öl in einer schweren Pfanne erhitzen und die Tortillas darin nacheinander von beiden Seiten bräunen. Die fertigen Tortillas auf einem Schneidebrett stapeln und mit einem scharfen Messer in mundgerechte Stücke schneiden.

Tofu und Spinat in die Pfanne geben und 2–3 Minuten mitbraten, bis der Spinat zusammenfällt. Vom Herd nehmen und die Tortillastücke kurz vor dem Servieren untermischen. Mit Salz und Pfeffer abschmecken. Nach Geschmack mit Koriander, Avocadostücken und Limette garnieren.

Party-Tipp

Falls ihr normalerweise keine Maistortillas im Haus habt – *was stimmt nicht mit euch?* Egal, wenn das nicht euer Ding ist, könnt ihr stattdessen zerkrümelte Tortillachips verwenden.

DIESER MÜSLIRIEGEL WIRD EUER LEBEN RETTEN

Früher, als man sich noch nicht aus Zwangslagen herausgoogeln konnte, hatte ich mich mal hungrig in Toledo, Ohio, verlaufen. Ein schmieriger Diner war die einzige Nahrungsquelle weit und breit und nicht mal die Burgerbrötchen waren dort vegan. Hätte ich diese Müsliriegel dabei gehabt, hätte ich damals nicht Ketchup zu Abend essen müssen. Steckt euch also immer einen von diesen Lebensrettern in die Tasche.

Ergibt 14–16 Riegel

ZUTATEN

160 g kernige Haferflocken
100 g Weizenkleie
110 g Sonnenblumenkerne
65 g Mandelstifte
70 g Cashewkerne, gehackt
1 EL geschälter und fein gewürfelter frischer Ingwer
120 g getrocknete Cranberrys
100 g brauner Zucker
160 g Agavendicksaft
60 g vegane Margarine
1 TL gemahlener Zimt
½ TL gemahlener Kardamom
¼ TL gemahlene Gewürznelken
½ TL Salz
2 TL Vanilleextrakt

ZUBEREITUNG

Den Backofen auf 200 °C vorheizen.

Auf einem Backblech die Haferflocken mit Weizenkleie, Sonnenblumenkernen, Mandeln und Cashewkernen vermischen. 8–10 Minuten im Ofen rösten, dabei häufig wenden. Aus dem Ofen holen, in eine große Schüssel geben und mit Ingwer und Cranberrys vermengen.

Eine Backform (28 x 33 cm) mit Backpapier auslegen und einfetten. Eine kleinere Form (etwa 23 x 33 cm) ist auch in Ordnung, die Riegel werden dann etwas dicker.

In einem Topf bei mittlerer Hitze braunen Zucker, Agavensirup, Margarine, Zimt, Kardamom, Nelken und Salz unter ständigem Rühren zum Köcheln bringen. Vom Herd nehmen und Vanilleextrakt einrühren. Den Topfinhalt über die Nussmischung gießen und alles gut verrühren, sodass das Müsli rundherum überzogen ist. In die vorbereitete Backform geben und mit einem Löffel verteilen und festdrücken.

Eine Lage Backpapier darauflegen und fest andrücken, damit die Riegel kompakter werden. 2–3 Stunden in der Form abkühlen lassen, dann auf ein Schneidebrett stürzen und mit einem großen Messer in Riegel schneiden.

Den Backofen auf 150 °C vorheizen und die Riegel auf einem mit Backpapier ausgelegten Blech verteilen. 20 Minuten backen, bis die Ränder braun werden. Vollständig auskühlen lassen, dann in einem luftdichten Behälter oder in Frischhaltefolie aufbewahren.

CHAI-BEEREN-MUFFINS

Mein Mann hält mich für gewürzsüchtig. Wenn er »Kardamom-Rosenwasser« oder »Nelkenaroma« auf einer Speisekarte entdeckt, wirft er mir einen vielsagenden Blick zu. Ich liebe würzige Gewürze, das darf ruhig jeder wissen. Bevor jetzt wieder jemand einwendet, dass Gewürzmuffins nur etwas für den Winter sind, habe ich diese hier mit saftigen Sommerbeeren gefüllt.

Ergibt 12 Muffins

ZUTATEN

175 ml Soja- oder Reismilch
2 Beutel Schwarztee
225 g Mehl
125 g Zucker
1 EL Backpulver
2 TL gemahlener Zimt
1 TL gemahlener Kardamom
½ TL gemahlener Ingwer
¼ TL gemahlene Gewürznelken
½ TL Salz
1 Prise gemahlener weißer Pfeffer
150 g TK-Beerenmischung
2½ EL geschroteter Leinsamen
75 ml Rapsöl oder anderes Pflanzenöl

ZUBEREITUNG

Den Backofen auf 200 °C vorheizen und ein 12er-Muffinblech mit Papierförmchen auslegen.

Die Sojamilch auf dem Herd oder in der Mikrowelle fast zum Kochen bringen und die Teebeutel 3–4 Minuten darin ziehen lassen. Herausnehmen und die Milch abkühlen lassen. Das Mehl in eine große Schüssel sieben, mit Zucker, Backpulver, Zimt, Kardamom, Ingwer, Nelken und Salz vermischen und die gefrorenen Beeren unterrühren. Die Leinsamen in einem Schälchen mit 3 EL Wasser verrühren und mit dem Tee und dem Öl zur trockenen Mehlmischung geben. Zu einem klumpigen Teig verrühren. Diesen in die Muffinförmchen löffeln und 20–25 Minuten backen, dann die Garprobe machen (S. 31). 1 Minute abkühlen lassen, dann aus der Form heben.

FRÜHSTÜCKSPIZZA

Dieses Gericht ist einer der vielen Beiträge meines Mannes zu diesem Buch. (Er hat mich gezwungen, das zu sagen.) Wer wie wir ein herzhaftes Sonntagsfrühstück mit anschließendem Nickerchen liebt, wird weichen Teig mit würziger Sauce und herzhaftem Tofu-Rührei zu schätzen wissen. Der Bequemlichkeit halber könnt ihr Sauce und Tofu schon am Vortag zubereiten und bloß den Teig frisch backen.

Für 6–8 Personen

ZUTATEN

SAUCE

2 EL vegane Margarine
2 TL Sojasauce oder Bragg Liquid Aminos
30 g Mehl
230 ml Gemüsebrühe
230 ml Sojamilch
½ TL Zwiebelpulver
½ TL Knoblauchpulver
2 EL Hefeflocken
1 EL gehackter frischer Salbei
½ TL Apfelessig
Salz und frisch gemahlener schwarzer Pfeffer

TOFU-RÜHREI

2 EL Öl
2 Knoblauchzehen, fein gewürfelt
400 g extrafester Tofu, abgetropft
70 g Brokkoli, in dünne Scheiben geschnitten
55 g Möhren, geraspelt
1 TL getrockneter Rosmarin
1 TL Zwiebelpulver
½ TL gemahlene Kurkuma
½ TL Salz
3 EL Hefeflocken

TEIG

240 ml Sojamilch
1 TL Apfelessig
250 g Mehl + mehr zum Bestäuben der Arbeitsfläche
¼ TL Natron
1 EL Backpulver
1 TL Salz
85 g ungehärtetes Pflanzenfett

ZUBEREITUNG

Für die Sauce in einem großen Topf die Margarine bei mittlerer bis niedriger Temperatur zerlassen. Mit dem Schneebesen Sojasauce und Mehl in etwa 2 Minuten zu einer Paste verrühren. Gemüsebrühe, Sojamilch, Zwiebel- und Knoblauchpulver sowie Hefeflocken und Salbei hinzufügen und wieder rühren, bis sich die Klümpchen aufgelöst haben. Die Temperatur erhöhen und weiter erhitzen, bis am Rand Bläschen aufsteigen, dann die Temperatur auf mittlere bis niedrige Stufe herunterdrehen und etwa 5 Minuten eindicken lassen. Vom Herd nehmen, den Apfelessig einrühren und nach Geschmack salzen und pfeffern. Beiseitestellen.

Für das Tofu-Rührei Öl in einer großen Pfanne bei mittlerer Temperatur erhitzen und den Knoblauch etwa 1 Minute unter häufigem Rühren anschwitzen. Den Tofu in mundgerechte Stücke brechen und mit dem Brokkoli und den Möhren in die Pfanne geben. Etwa 10 Minuten garen, dabei hin und wieder umrühren und mit einem Pfannenwender aus Metall über den Pfannenboden schaben, damit nichts ansetzt. Knoblauch und Möhre werden braun und knusprig, aber keine Sorge – das Zeug schmeckt köstlich!

In einem Schälchen Rosmarin, Zwiebelpulver, Kurkuma und Salz mit 3 EL Wasser verrühren. Diese Mischung und die Hefeflocken zum Tofu geben und 5 Minuten mitbraten. Beiseitestellen und den Teig vorbereiten.

Für den Teig den Ofen auf 230 °C vorheizen. Apfelessig und Sojamilch verühren und stocken lassen.

Die trockenen Zutaten in einer Rührschüssel vermengen und mit einer Gabel das Pflanzenfett in Flöckchen zum Mehl geben und rühren, bis die Mischung Schrot ähnelt.

Die gestockte Sojamilch angießen und vorsichtig mit den anderen Zutaten vermengen. Die Mischung sollte feucht sein. Erscheint sie zu trocken, noch einen Spritzer Sojamilch zugeben.

Den Teig auf eine bemehlte Arbeitsfläche stürzen und sanft flach drücken, bis er etwa 1,3 cm dick ist (beim Ausrollen mit dem Nudelholz würde der Teig zu fest). Den Teig mehmals falten und den Teigstapel erneut zu einem etwa 1,3 cm dicken Kreis flach drücken.

Den Teig auf ein Backblech legen – wenn ihr ihn in der Mitte etwas fester andrückt, stehen die Ränder wie bei einer Pizza etwas hoch und bilden eine Kruste. Den Teig etwa 5 Minuten backen, dann aus dem Ofen ziehen und die Hälfte der Sauce und das gesamte Tofu-Rührei daraufgeben. Weitere 6–8 Minuten backen. In Stücke schneiden und mit der übrigen warmen Sauce servieren.

VENUS-SCHOKO-KÜRBIS-MUFFINS

Benannt nach der Katze Venus, einer Internetsensation mit halb schwarzem, halb getigertem Gesicht, sind diese Muffins etwas aufwendiger als ihre einfarbigen Pendants. Aber sie sind den Aufwand wert. Dieses Rezept ergibt etwas weniger als das traditionelle Dutzend, eine Eigenart, die ihr hoffentlich liebenswürdig findet, genau wie das Gesicht von Venus.

Ergibt 10–11 Muffins

ZUTATEN

SCHOKOTEIG

1 EL + ¾ TL (12 g) geschrotete Leinsamen
60 g Mehl
30 g Weizenvollkornmehl
3 EL Kakaopulver (s. Anmerkung)
1 TL Backpulver
¼ TL Natron
¼ TL Salz
50 g Zucker
45 g vegane Schokotropfen + mehr zum Bestreuen
120 ml Sojamilch
3 EL Pflanzenöl
½ TL Vanilleextrakt

KÜRBISTEIG

1 EL + ¾ TL (12 g) geschrotete Leinsamen
60 g Mehl
50 g Zucker
1 TL Backpulver
¾ TL gemahlener Zimt
¼ TL gemahle Muskatnuss
¼ TL Salz
1 Prise gemahlener Ingwer
2 EL Rapsöl
140 g Kürbismus (aus der Dose oder selbst gemacht)
60 ml Sojamilch
¾ TL Vanilleextrakt
30 g Walnusskerne, gehackt

STREUSEL

30 g Mehl
2 EL brauner Zucker
2 EL vegane Margarine
1 Prise gemahlener Zimt

→

ZUBEREITUNG

Den Backofen auf 180 °C vorheizen und ein 12er-Muffinblech einfetten oder mit Papierförmchen auslegen.

Für den Schokoteig in einer kleinen Tasse die Leinsamen mit 1½ EL Wasser etwa 1 Minute zu einer festen Masse verrühren. Die Mehlsorten, Kakaopulver, Backpulver, Natron, Salz und Zucker in eine große Schüssel sieben und die Schokotropfen unterziehen. Sojamilch, Öl, Vanilleextrakt und die Leinsamenmischung hinzufügen und kurz verrühren.

Für den Kürbisteig in einer kleinen Tasse die Leinsamen mit 1½ EL Wasser etwa 1 Minute zu einer festen Masse verrühren. Das Mehl in eine Rührschüssel sieben und mit Zucker, Backpulver, Zimt, Muskatnuss, Salz und Ingwer vermischen. In einer kleineren Schüssel die Leinsamenmischung mit Öl, Kürbismus, Sojamilch und Vanilleextrakt verrühren. Die feuchten Zuaten vorsichtig mit den trockenen verrühren, dann die Walnusskerne unterziehen. Nicht zu lange rühren.

In einer kleinen Schüssel mit einer Gabel die Zutaten für die Streusel vermischen.

Von beiden Teigsorten gleich viel in die vorbereiteten Muffinformen geben, sodass sie zu zwei Dritteln gefüllt sind. Dabei die beiden Sorten übereinanderschichten, mit zwei Löffeln nebeneinander einfüllen oder mit einem Zahnstocher durchwirbeln. Streusel und Schokotropfen darüberstreuen und sanft andrücken.

20–25 Minuten backen, bis an einem in die Mitte gesteckten Zahnstocher kein Teig haften bleibt. 10 Minuten in der Form abkühlen lassen, dann auf ein Kuchengitter legen und vollständig auskühlen lassen.

Anmerkung: Für einen besonders dunklen Schokoteig zu gleichen Teilen gewöhnliches Kakaopulver und extradunkles Kakaopulver verwenden.

FRÜHSTÜCKSGRANITAS: DIE FEINE COUSINE DES SLUSHYS

Eine Granita ist ein halbgefrorenes sizilianisches Dessert. Als jahrelange Befürworterin von Nachtisch zum Frühstück serviere ich diese leicht süßen kühlen Leckereien gerne zu Arme Ritter »Honky Tonk« (S. 56) oder zum Early Bird Special (S. 61).

Für je 4–6 Personen

ORANGENSAFT-GRANITA

O-Saft ist langweilig! Diese fruchtige Granita liefert mit jedem kühlen Happen Vitamin C und einen sanften Zucker-Kick.

ZUTATEN

100 g Zucker
abgeriebene Schale von 2 Bio-Orangen
Saft von 6 Orangen (etwa 350 ml)
Saft von 1 Zitrone

ZUBEREITUNG

In einem kleinen Topf 300 ml Wasser mit Zucker und Orangenschale aufkochen. Die Hitze reduzieren und etwa 10 Minuten köcheln lassen, bis der Zucker sich aufgelöst hat. Orangen- und Zitronensaft unterrühren und alles in ein flaches Gefäß gießen – ein tiefes Backblech oder eine Auflaufform sind perfekt.

Mit Folie abdecken und 1–2 Stunden tiefkühlen, bis die Ränder fest werden. Mit einer Gabel von außen nach innen durchmischen. Weiter tiefkühlen und diesen Schritt alle 30 Minuten wiederholen (mindestens drei Mal), bis die gesamte Mischung kristallisiert ist.

Zum Servieren in Schälchen füllen.

ARNOLD-PALMER-GRANITA

Diese Granita, die zu gleichen Teilen aus Eistee und Limonade besteht, ist nach dem amerikanischen Golfer Arnold Palmer benannt und von seinem Lieblingsgetränk inspiriert, dem Half & Half.

ZUTATEN

150 g Zucker

700 ml Eistee

(dafür 6 Beutel schwarzen Tee in 700 ml Wasser aufkochen und ziehen lassen)

Saft von 2 Zitronen (etwa 120 ml)

ZUBEREITUNG

In einem kleinen Topf 240 ml Wasser mit dem Zucker bei mittlerer Temperatur erhitzen und dabei gelegentlich umrühren. Zum Kochen bringen, dann vom Herd nehmen und vollständig abkühlen lassen.

Eistee und Zitronensaft mit dem Zuckerwasser verrühren und in eine flache Form gießen. Ein tiefes Backblech oder eine Auflaufform sind perfekt.

Mit Folie abdecken und 2 Stunden tiefkühlen, bis die Ränder gefrieren. Mit einer Gabel von außen nach innen durchrühren. Weiter tiefkühlen und diesen Schritt alle 30 Minuten wiederholen (mindestens drei Mal), bis die gesamte Mischung kristallisiert ist.

Zum Servieren in Schälchen füllen.

SOJALATTE-GRANITA

In heißen Sommermonaten habe ich diese koffeinhaltige Granita immer im Kühlschrank – wir füllen sie auch gern in Kaffeebecher zum Mitnehmen und schlürfen sie unterwegs.

ZUTATEN

VANILLESIRUP

200 g Zucker

1 EL Vanilleextrakt

GRANITA

350 ml Espresso oder sehr starker Kaffee

350 ml Sojamilch

60 ml Vanillesirup

1 Msp. gemahlener Zimt

ZUBEREITUNG

Für den Vanillesirup 150 g Zucker mit 230 ml Wasser in einem Topf bei mittlerer Termperatur zum Kochen bringen, dabei ständig rühren. Die Hitze reduzieren und unter häufigem Rühren etwa 5–7 Minuten köcheln lassen, bis die Mischung sich golden färbt. Vom Herd nehmen und Vanilleextrakt einrühren. Den Sirup abkühlen lassen und in eine Flasche oder ein anderes Gefäß füllen. Mit dem Sirup lassen sich auch prima Kaffee und Tee süßen.

Für die Granita alle Zutaten verrühren und in eine flache Form gießen. Ein tiefes Backblech oder eine Auflaufform sind perfekt.

Mit Folie abdecken und 1–2 Stunden tiefkühlen, bis die Ränder gefrieren. Mit einer Gabel von außen nach innen durchrühren. Wieder tiefkühlen und diesen Schritt alle 30 Minuten wiederholen (mindestens drei Mal), bis die gesamte Mischung kristallisiert ist.

Zum Servieren in Schälchen füllen.

SMOOTHIE OPERATOR

Schon als Kind warf ich gern Dinge vom Dach und sah zu, wie sie unten auf dem Bürgersteig zerbarsten – der geborene Smoothie-Fan. Irgendetwas macht mich glücklich daran, völlig intakte Nahrungsmittel in einen Standmixer zu werfen und zuzuschauen, wie sie explodieren. Hier sind drei leckere Smoothies, die die Sadistin in mir befriedigen.

GRÜNKOHL ZUM TRINKEN

Mit zunehmendem Alter werde ich meinem Vater Dan immer ähnlicher: Ich liebe plötzlich Lakritze, Hawaiihemden und Pistazieneis. Als im Internet alle wegen eines Shakes mit Pistazieneis und Grünkohl ausflippten, war ich misstrauisch: Mein Dad würde niemals etwas mit Grünkohl trinken. Ich testete alle Varianten, die ich finden konnte, und dachte mir dann eine aus, die sogar Dan the Man schmeckte.

Ergibt 1 Smoothie

ZUTATEN

2 EL Chiasamen

240 ml Mandelmilch + bei Bedarf ein paar Spritzer mehr

70 g Cashewkerne

70 g Grünkohlblätter, die Stiele entfernt

90 g Datteln, entsteint und gehackt

1 TL Vanilleextrakt (oder mehr nach Geschmack)

½ TL geschälter, fein gewürfelter Ingwer (oder mehr nach Geschmack)

ZUBEREITUNG

Die Chiasamen über Nacht im Kühlschrank in der Mandelmilch einweichen. Die Cashewkerne in Wasser einweichen – sie müssen nicht gekühlt werden.

Am Morgen (oder wann immer ihr wollt) die Chiasamen mit der Mandelmilch, den abgegossenen Cashewkernen sowie Grünkohl, Datteln, Vanilleextrakt und Ingwer in den Standmixer geben. Ein paar Eiswürfel hinzufügen und je nach gewünschter Konsistenz mehr Mandelmilch. Ich mag meinen Smoothie mit viel Vanilleextrakt und Ingwer, aber hey, macht euer eigenes Ding.

Party-Tipp

Dieser Smoothie schmeckt auch mit einer reifen Banane und Kokosraspel oder Kakaonibs (Kakaobohnensplitter) klasse.

SCHOKORIEGEL-SMOOTHIE

Dieses Rezept gab mir Wrestling-Champion Amy »Lita« Dumas, ich kann also garantieren, dass es gesund ist. Und weil die Titelträgerin im Auf-der-Couch-Sitzen-und-Wiederholungen-von-*COPS*-Gucken Natalie »Nickerchen« Slater es oft trinkt, kann ich auch dafür bürgen, dass es lecker ist.

Ergibt 1 Smoothie

ZUTATEN

1 reife Banane, gefroren
50 g Kokosraspel
2–3 EL Mandelmus
2 EL Leinsamen
2 EL Kakaonibs (Kakaobohnensplitter)
1 TL gemahlener Zimt
1 TL Vanilleextrakt
Mandelmilch

ZUBEREITUNG

Banane, Kokosraspel, Mandelmus, Leinsamen, Kakaonibs, Zimt und Vanilleextrakt in einen Standmixer geben. Mit Mandelmilch bedecken und cremig pürieren.

Je nach gewünschter Konsistenz mit mehr Mandelmilch verdünnen.

Party-Tipp

Amy schlägt vor, einen Schuss Eiweißpulver mit Vanillegeschmack dazuzugeben, wenn ihr den Smoothie nach dem Workout trinkt. Ich habe ja keine Ahnung von diesem »Workout«-Zeugs.

GRASGRÜNER SMOOTHIE

Die Idee hinter grünen Smoothies hat mir schon immer gefallen – sein Gemüse trinken und somit mehr Zeit zum Kuchenessen haben. Jedoch war mir nie ein schmackhafter gelungen, bis Amy (genau, die Amy vom Schokoriegel-Smoothie) mir ihr Grundrezept verriet. Hier ist meine Version ihres nahrhaften Getränks.

Ergibt 2 Smoothies

ZUTATEN

1 reife Banane, gefroren

150 g Ananas, in Stücke geschnitten

30 g Babyspinat

3–5 Blätter Grünkohl, Stiele entfernt

1 Zweig frische Minze

2,5 cm frischer Ingwer,
geschält und fein gewürfelt

½ Zitrone, geschält

1 EL Weizengraspulver (nach Belieben)

1 TL Spirulinapulver (nach Belieben)

175 ml Kokoswasser, plus mehr bei Bedarf

ZUBEREITUNG

Alle Zutaten in den Standmixer geben und glatt pürieren. Falls euch die Konistenz zu dickflüssig ist, einfach etwas mehr Kokoswasser zufügen.

Party-Tipp

Wenn ihr grüne Smoothies zum ersten Mal ausprobiert, beginnt mit milderem Blattgemüse wie Babyspinat, Pak Choi oder Mangold. Grünkohl ist super gesund, aber nicht jedermanns Geschmack. Süße Beeren können den erdigen Geschmack des Blattgemüses überdecken.

mmmm...
mmmmm...

Kapitel 3

Sattmacher

Erwachsen zu sein bedeutet nicht, dass man Pizza und Tacos gegen Hackbraten und Beilagensalate eintauschen muss. Aber man muss Pizza und Tacos neu erfinden und gesünder machen, als es ein Hackbraten jemals sein könnte.

Apropos Hackbraten: Sich für ein fleisch- und milchproduktefreies Mittagessen zu entscheiden, ist heute nicht mehr gleichbedeutend mit einer Fahrkarte in die Veggieburgerhölle. Es gibt viele einfache und günstige Gerichte, die man statt Fleischimitat aus dem Supermarkt essen kann. Ich weiß das, denn ich habe sie hier aufgeschrieben!

Stürzt euch auf meine scharfe, würzige Taco-Lasagne oder eine dampfende, mit Erbsen und Kartoffeln gefüllte Samosa-Potpie. Pizza zu Thanksgiving? Da ist meine Pizza mit grünen Bohnen die naheliegende Wahl. Kostet mal ein ordentliches Stück Spaghettikuchen mit Omas über jede Kritik erhabener Sauce – direkt aus der Küche meiner Großmutter Sharon!

Egal, was ihr euch aussucht, den falschen Burgern oder Pizzas vom Lieferservice werdet ihr keine Sekunde hinterhertrauern!

TACO-LASAGNE

In der dritten Klasse gab ich mein ganzes Taschengeld für Garfield-Bücher aus. Meine Mutter war wenig begeistert, aber sie lehrten mich zwei wichtige Dinge über das Leben: Lasagne ist fantastisch und Montage sind ätzend. Ich vermute, Garfield würde diese Schichten aus Pilzen, Mais und würziger Nacho-Käsesauce mit einem pelzigen, orangefarbenen Daumen nach oben belohnen.

Für 8 Personen

ZUTATEN

FÜLLUNG

2 TL Öl für die Pfanne

50 g Champignons, geviertelt

1 Knoblauchzehe, fein gewürfelt

½ TL Salz

2 Dosen (à 425 g) schwarze Bohnen, abgegossen und abgespült

1 Dose (425 g) Mais

Nacho-Käsesauce (S. 161)

1 Glas (280–340 g) eurer Lieblings-Salsa mit Stücken

8 weiche Weizentortillas

frisch gemahlener schwarzer Pfeffer

BELAG

schwarze Oliven, in Scheiben geschnitten

1 Avocado, geschält, entsteint und gewürfelt

Saft von 1 Limette

ZUBEREITUNG

Den Backofen auf 200 °C vorheizen

Für die Füllung das Öl in einer großen Pfanne bei mittlerer bis hoher Temperatur erhitzen, die Pilze darin in etwa 7 Minuten unter häufigem Rühren bräunen. Knoblauch, Salz und Pfeffer nach Geschmack zugeben, dann vom Herd nehmen.

In einer mittelgroßen Schüssel Bohnen, Mais, Pilze und Nacho-Käsesauce verrühren.

Ein Drittel der Salsa in eine ofenfeste Form (ca. 23 x 33 cm oder 25,5 cm Ø) geben. Eine Lage Tortillas wie Lasagneplatten so daraufschichten, dass sie sich überlappen.

Mit einem Drittel der Bohnenmischung bestreichen, dann ein Viertel der übrigen Salsa und eine weitere Lage sich überlappender Tortillas daraufschichten.

Mit einem weiteren Drittel der Bohnenmischung, mehr Salsa und einer weiteren Schicht Tortillas wiederholen.

Zum Schluss die restliche Bohnenmischung und die Hälfte der übrigen Salsa daraufstreichen und mit Tortillas belegen.

Die übrige Salsa darübergießen und für 30 Minuten in den Ofen schieben. 10–15 Minuten abkühlen lassen.

Die Avocado mit dem Limettensaft beträufeln und ebenso wie die Olivenscheiben auf die Lasagne streuen. In Stücke schneiden und genießen!

KARTOFFEL-TACOS

Aus irgendeinem Grund haben wir immer ganz absurde Mengen von Kartoffelprodukten in unserer Kühltruhe – vierzehn Kartoffelecken, eine Handvoll Rösti, ein Häufchen Pommes frites. Anstatt diese verschmähten Reste wegzuwerfen, würzen wir sie und füllen damit Tacos. Dieses Rezept verlangt Pommes frites, ihr könnt aber alle Kartoffelprodukte nehmen, die ihr zur Hand habt.

Für 4–6 Personen

ZUTATEN

900 g Pommes frites

TACO-WÜRZMISCHUNG

1½ TL Cayennepfeffer
1 TL gemahlener Kreuzkümmel
1 TL Salz
1 TL frisch gemahlener schwarzer Pfeffer
¼ TL Knoblauchpulver
¼ TL Zwiebelpulver
¼ TL Chiliflocken
¼ TL getrockneter Oregano

FÜLLUNG

1 EL Öl
1 Dose (425 g) schwarze Bohnen
1 kleine rote Zwiebel, gewürfelt
2 Knoblauchzehen, gewürfelt
1 rote Paprikaschote, gewürfelt
75 g Mais (aus der Dose)
Maistortillas
1 Avocado, in Spalten geschnitten
2 Frühlingszwiebeln, in Ringe geschnitten
1 große Tomate, gewürfelt
1 Limette
vegane Mayo (nach Belieben, S. 158)

ZUBEREITUNG

Den Backofen nach Packungsanweisung der Pommes frites vorheizen.

In einer kleinen Schüssel alle Zutaten für die Taco-Würzmischung verrühren. Die Pommes-Packung oben aufschneiden, etwa ein Viertel der Würzmischung hineinstreuen, gut zuhalten und die Tüte schütteln. Nach und nach den Rest der Würzmischung hineingeben und jedes Mal schütteln, bis alle Pommes frites damit überzogen sind. Die Pommes in einer Schicht auf einem Backblech verteilen und nach Packungsanweisung backen. Ich lasse sie immer ein paar Minuten länger im Ofen, damit sie schön knusprig werden.

Währenddessen die Füllung zubereiten: In einer großen Pfanne das Öl bei mittlerer Temperatur erhitzen. Bohnen, Zwiebel, Knoblauch, Paprika und Mais zugeben und etwa 10 Minuten anbraten, bis die Zwiebel weich wird und die übrigen Zutaten erwärmt sind.

Eine große Pfanne oder Grillpfanne erhitzen, um die Tortillas darin von beiden Seiten zu erwärmen. Die warmen Tortillas bis zum Servieren in ein sauberes Geschirrtuch einschlagen.

Zum Schluss auf jede Tortilla ein wenig von der Bohnenmischung geben, ein paar Pommes frites darauflegen und mit Avocado, Frühlingszwiebel, Tomate und einem Spritzer Limettensaft garnieren. Ich mag auch einen Klecks vegane Mayo dazu.

FANTASIE-PIZZA: TIPPS FÜR DIE ULTIMATIVE PIZZA UND VEGANEN PARMESAN

In Chicago geht man zu Dimos Pizza, wenn man mal wieder Futter für die Seele braucht. Aber machen wir uns nichts vor: Manchmal sind wir zu faul, um das Haus zu verlassen, oder zu pleite, um den Lieferservice anzurufen. Fürchtet euch nicht, Pizza-Liebhaber! Meine Freunde bei Dimos waren so nett, mir bei den folgenden Tipps für die ultimative selbst gebackene Pizza zur Seite zu stehen.

SCHLÜSSEL ZUM ERFOLG

Zunächst braucht ihr ein Konzept: Überlegt euch, welche Zutaten ihr mögt, was gut zusammenpasst und was ihr im Haus habt. Sagen wir zum Beispiel, ihr wollt Nachos in eine Pizza verwandeln. Dann überlegt ihr zuerst, was diese Dinger so verdammt lecker macht. Tortillachips, Käsesauce, würziger Tofu, Jalapeños und Oliven? Na bitte, da habt ihr eure Zutaten!

DER STEIN DER WEISEN

Wenn ihr keinen eigenen Steinofen besitzt (falls ja, bin ich ganz schön neidisch), solltet ihr euch einen Pizzastein zulegen. Die sind heute schon für 20–30 Euro zu haben und halten bis in alle Ewigkeit – vorausgesetzt, ihr spült sie nicht mit Spülmittel oder lasst sie fallen.

- Für einen knusprigen Teig den Pizzastein immer vorheizen. Dazu den Stein in den kalten Backofen legen und diesen auf die gewünschte Temperatur bringen. Einen kalten Pizzastein in den heißen Ofen zu schieben, kann dazu führen, dass er springt.
- Maisgrieß auf den Stein streuen, bevor ihr den Teig darauflegt, damit nichts ansetzt.
- Die Pizza nicht auf dem Stein in Stücke schneiden, sondern vorher auf ein Schneidebrett oder einen großen Teller legen.
- Den Stein vor dem Abspülen abkühlen lassen – heißer Stein + kaltes Wasser = gesprungener Stein. Und kein Spüli verwenden! Die Aufgabe eines Pizzasteins ist es, Feuchtigkeit zu absorbieren. Spüli wird er also auch aufsaugen. Einfach sauberwischen und trocknen lassen.
- Den Teig auf den heißen Stein zu befördern ist nicht ganz einfach. Vielleicht besorgt ihr euch also auch gleich einen Holzschieber oder überlegt euch eine andere Methode.

HOCH HINAUS

Wenn ihr abenteuerlustig seid, legt euch den Teig über beide Fäuste (tut so, als ob ihr Tennisbälle in den Händen hättet, die Handflächen schauen sich dabei an), dreht ihn und dehnt ihn dabei gleichmäßig aus. Ihr werft den Teig dazu nicht wirklich in die Luft, sondern sorgt mit kleinen Handbewegungen dafür, dass er rotiert, und zieht die Hände bei jeder Drehung ein wenig weiter auseinander.

Falls der Teig einreißt, keine Bange – einfach eine Seite des Risses etwa 5 mm über die andere ziehen, am Saum zusammendrücken und weiter geht's.

QUATSCH MIT SAUCE

Tomatensauce ist so was von out. Womit könntet ihr eure Pizza also sonst noch schön saftig machen, den Pizzageschmack perfektionieren, und vor allem dafür sorgen, dass der Belag haften bleibt? Seid kreativ! Verwendet zum Beispiel Pesto oder püriertes Gemüse (und Oliven). Behaltet aber immer im Hinterkopf, dass ihr eure Pizza in Stücken essen wollt und nicht auflöffeln. Also lasst die Sau raus, aber bedenkt, dass man bei sehr feuchten Zutaten die Sauce eventuell ganz weglassen sollte.

AM PULS DER ZEIT

Das Komplizierteste an Fantasie-Pizza ist das Timing. Manche Zutaten brauchen länger zum Garen als andere. Hin und wieder benötigt eure verrückte Pizza-Idee daher ein wenig Vorbereitung, damit es am Ende perfekt wird. Hier sind ein paar grundlegende Timing-Tipps.

- Kartoffeln in dünne Scheiben schneiden, damit sie schnell und gleichmäßig garen.
- Gemüse mit längerer Garzeit, wie z. B. Möhren, in kleine Würfel schneiden.
- Nicht alles mitbacken – manche Beläge, wie Dressings oder Käsesauce, sehen viel besser aus, wenn sie auf die fertige Pizza gegeben werden. Am besten klappt das, indem ihr sie mithilfe einer leeren Plastikflasche oder eines Gefrierbeutels, von dem ihr eine Ecke abschneidet, über die Pizza träufelt.
- Nicht überbelegen! Ihr solltet bei jedem Bissen alle Zutaten herausschmecken können.

ABENTEUER KÄSE

Wahrscheinlich werde ich nach dieser Aussage aus Chicago verstoßen, aber man braucht nicht auf jedem Stück Pizza Käse. Wenn ihr viele feuchte, frische Beläge und eine würzige Sauce verwendet, werdet ihr den Käse nicht vermissen. Und falls doch, gibt es heutzutage viele vegane Alternativen. Versucht mal diesen einfachen Parmesan-Ersatz:

VEGANER PARMESAN

Ergibt etwa 140 g

ZUTATEN

120 g Walnusskerne
4 EL Hefeflocken
½ TL Gewürzsalz
½ TL Knoblauchpulver

ZUBEREITUNG

Alle Zutaten in einen Standmixer geben und pürieren, bis sie die Textur von Parmesankäse haben. Mit Chili- oder Currypulver und Ähnlichem lässt sich der vegane Parmesan aromatisieren.

PIZZA RUND UM DIE UHR

Wenn ihr glaubt, dass man Pizza nur zu Mittag oder Abend essen kann, habt ihr was verpasst. Stellt euch Pizza als ein Gericht auf einem köstlichen essbaren Teller vor. Wie wär's mit einem warmen Stück Frühstückspizza mit Tofu-Rührei, Bohnen, Käsesauce und Salsa? Hattet ihr schon mal Pizza zum Nachtisch? Werft ein paar vegane Schokotropfen und vegane Marshmallows auf den Teig oder auch Pfirsichspalten und braunen Zucker. Die Möglichkeiten sind unendlich!

TUT'S EINFACH

Wenn es nicht gleich klappt, esst eure Fehler und versucht's noch mal.

LIEBLINGSTEIG

Wusstet ihr, dass alte Kulturen der Pizza mystische Heilkräfte zusprachen? Tatsächlich haben Archäologen den angeblich ältesten Pizzaschneider der Welt in Julius Cäsars Grab gefunden! Das entspricht vielleicht nicht ganz der Wahrheit, aber die Vielseitigkeit und Köstlichkeit von Pizza ist eine Tatsache. Und was wäre Pizza ohne den Teig? Eine große Sauerei wäre das! Deshalb hier ein Rezept für einen super einfachen, knusprigen Teig. Ich empfehle Pizzastein und Holzschieber für die Zubereitung. Mehr dazu findet ihr unter »Fantasie-Pizza« (S. 96.)

Ergibt zwei Pizzas à 30 cm Ø

ZUTATEN

1 Päckchen Trockenhefe
1½ TL Zucker
375 g Mehl
1 TL Salz
2 EL natives Olivenöl extra + mehr zum Beträufeln
85 g Maisgrieß

Party-Tipps

- **Mit euren Lieblingskräutern könnt ihr den Teig noch aufpeppen. Fügt mehr Zucker hinzu, wenn ihr ihn mit veganer Schokolade, veganen Marshmallows oder anderen Leckereien belegt zum Nachtisch servieren wollt.**
- **Vorbacken oder nicht vorbacken, das ist hier die Frage. Wenn ihr den Teig gerne weich mögt, backt ihn nicht vor. Bevorzugt ihr knusprigeren Teig, schiebt ihn für 3–4 Minuten ohne Belag in den Ofen, holt ihn zum Belegen heraus und backt ihn fertig.**

ZUBEREITUNG

In einer kleinen Schüssel mit einer Gabel Hefe, Zucker und 60 g des Mehls mit 230 ml warmem Wasser (höchstens 45 °C) vermengen. Es kann blubbern, versucht keine Angst zu haben!

Mit den Knethakten des Handmixers 250 g Mehl, Olivenöl und Salz verrühren. (Ihr könnt auch eine Küchenmaschine mit Knethaken oder einfach einen Holzlöffel verwenden.) Nach und nach die Hefemischung zugeben und weiterrühren, bis sich eine Teigkugel formt.

Den Teig auf einer bemehlten Oberfläche etwa 2 Minuten kneten. Wieder zur Kugel rollen, in eine leicht mit Öl eingefettete große Schüssel legen und mit etwas Olivenöl beträufeln, damit sie nicht austrocknet. Mit einem sauberen, feuchten Geschirrtuch abdecken und an einem kühlen Ort etwa 2 Stunden gehen lassen, bis die Kugel ihre Größe verdoppelt hat. Ich bereite in der Zwischenzeit meine Beläge vor.

Den Teig in zwei Hälften teilen. Beide ein paarmal durchkneten – wenn ihr nur eine Pizza backen wollt, könnt ihr die andere in einem Gefrierbeutel etwa 1 Woche im Kühlschrank aufbewahren oder einfrieren.

Den Backofen mit dem Pizzastein darin auf 230 °C vorheizen.

Die Arbeitsfläche großzügig mit einer Mischung, die zu gleichen Teilen aus Maisgrieß und Mehl besteht, bestäuben und den Teig darauflegen. Mit der Faust in der Mitte eindrücken und mit mehr Mehlmischung bestäuben. Den Teig umdrehen, auf die Fäuste nehmen, rotieren und zu einem Kreis von etwa 30 cm Ø dehnen (S. 97). Dabei einen fingerdicken Rand lassen.

Falls ihr einen Holzschieber habt, bestreut ihn mit Maisgrieß und legt dann euren Teig darauf. Belegt ihn nach Wunsch oder backt den Teig 3–5 Minuten vor. Falls ihr eine andere geniale Methode habt, die wabbelige, dick belegte, rohe Pizza auf den glühend heißen Pizzastein zu bekommen, super.

Die Pizza belegen, auf den Pizzastein schieben und backen, bis die Kruste sich hellbraun färbt und die Beläge heiß sind und lecker aussehen (dauert 12–15 Minuten).

SCHMORTOPF À LA CANNIBAL CORPSE

Dieses Gericht ist nach meiner liebsten amerikanischen Death-Metal-Band benannt, denn obwohl es fleischlos ist, sieht es aus wie ein Massaker im Schongarer. Meine beste Erinnerung an die Entstehung dieses Buches ist eine SMS von meiner Mom: »Habe heute den Schmortopf à la Cannibal Corpse gekocht und die Sauce ist sooo lecker!« Dieses Rezept fetzt genauso wie Cannibal Corpse und meine Mom.

Für 4–6 Personen

ZUTATEN

1 Dose (567 g) junge Jackfrucht in Salzwasser, abgegossen

2 Knoblauchzehen, fein gewürfelt

360 g Ketchup

3 EL brauner Zucker

2 EL salzarme Sojasauce oder Bragg Liquid Aminos

1 EL Apfelessig

1 TL scharfe Sojasauce (Sriracha-Sauce)

1 TL Zwiebelpulver

ZUBEREITUNG

Die Jackfrucht (die ihr im Asialaden bekommt) abgießen, abspülen und gut ausdrücken. In einer mittelgroßen Schüssel Knoblauch, Ketchup, braunen Zucker, Sojasauce, Essig, Sriracha-Sauce und Zwiebelpulver verrühren. Die Jackfrucht unterheben und die Mischung in einen Schongarer füllen.

6 Stunden auf niedriger Stufe garen, dann die Jackfrucht mit zwei Gabeln zerzupfen. Geht natürlich auch im Backofen (ca. 20 Minuten bei 160 °C). Auf Salat oder einem Brötchen servieren. Coole Leute bereiten einen Barbecue-Salat (S. 116) daraus zu.

INDISCHE PIZZA

Dimos in Chicago erfüllt die wildesten Pizza-Fantasien (im angemessenen Rahmen natürlich – keine schmutzigen Gedanken, bitte). Als ich um eine indisch inspirierte Pizza bat, wurden meine Erwartungen nicht enttäuscht. Würzige Linsen, frittierter Blumenkohl und ein Klecks Chutney auf knusprigem Teig ergeben eine kultivierte Pizza, die selbst eure banausenhaftesten Freunde genießen werden. Wenn ihr möchtet, könnt ihr das Koriander-Minz-Chutney durch euer Lieblingschutney aus dem Supermarkt ersetzen.

Für 8–10 Personen

ZUTATEN

1 Portion Pizzateig (S. 100)

MADRAS-LINSEN

100 g rote Linsen
2 EL Olivenöl
½ Zwiebel, fein gewürfelt
2 TL geschälter und fein gewürfelter Ingwer
½ Jalapeño, gehackt
1 EL fein gewürfelter Knoblauch (ca. 3 Zehen)
1½ TL gemahlener Koriander
1½ TL gemahlener Kreuzkümmel
1½ TL Currypulver
1 große Tomate, gehackt
4 TL Tomatenmark
Salz

KORIANDER-MINZ-CHUTNEY

1 große Handvoll frische Minzeblätter
1 große Handvoll Koriandergrün
2 EL frisch gepresster Zitronensaft
2 EL fein gewürfelter frischer Ingwer
230 g veganer Sauerrahm
115 g Sojajoghurt
1 TL Salz

1 Blumenkohl
Öl zum Frittieren

→

ZUBEREITUNG

Den Backofen auf 230 °C vorheizen, den Pizzateig 3–5 Minuten vorbacken, dann aus dem Ofen nehmen und beiseitestellen.

Für die Madras-Linsen die Linsen unter kaltem Wasser gut abspülen, dann in etwa 500 ml Wasser etwa 10 Minuten kochen, bis sie langsam weich werden. Abgießen und beiseitestellen.

Das Öl in einer großen Pfanne bei mittlerer Temperatur erhitzen, dann Zwiebel, Ingwer, Jalapeño und Knoblauch hineingeben. 3–5 Minuten anschwitzen, bis Zwiebel und Knoblauch goldbraun sind. Koriander, Curry, Kreuzkümmel, Tomatenwürfel und Tomatenmark hinzufügen und 5 Minuten anschwitzen, bis die Tomaten weich sind. 80 ml Wasser und die Linsen angießen und aufkochen, dann die Hitze reduzieren und die Linsen in 10–15 Minuten weich köcheln. Nach Geschmack salzen.

Alle Zutaten für das Chutney in einem Standmixer cremig pürieren.

Den Blumenkohl in kleine Röschen zerteilen. Öl in einer tiefen Pfanne erhitzen und die Röschen darin 7–8 Minuten goldbraun braten und weich frittieren.

Die Linsen auf dem Teig verteilen und mit Blumenkohl und gerösteter Paprika belegen. 15–20 Minuten backen, bis der Rand sich golden färbt. Mit einem Klecks Chutney garnieren.

PIZZA MIT GRÜNEN BOHNEN

Grüne-Bohnen-Auflauf gibt es in den Staaten traditionell zu Thanksgiving. Für das erste vegetarische Thanksgiving bei meiner Mom habe ich ihn in eine Pizza verwandelt und bekam dafür das ultimative Kompliment von meinem kleinen Bruder: »Ich mochte grünen Bohnen nicht, bis ich diese Pizza probiert habe.« Warum hat sie den Brudertest bestanden? Ich denke, die Knoblauchsauce und die frittierten Zwiebeln könnten etwas damit zu tun gehabt haben. Belag und Teig lassen sich im Voraus zubereiten – aber wartet mit dem Belegen, bis die Gäste da sind. Oder macht euch, wie ich, eine Pizza für euch allein und esst sie im Bett, während ihr Pee-wee's Playhouse Christmas Special anschaut. Statt Sojajoghurt könnt ihr auch 230 g Seidentofu mit 1½ EL frisch gepresstem Zitronensaft pürieren.

Für 8–10 Personen

ZUTATEN

1 Portion Pizzateig (S. 100)
2 EL + 1 TL Salz
225 g grüne Bohnen, geputzt und halbiert
3 l Eiswasser
2 EL vegane Margarine
230 g Champignons, in Scheiben geschnitten
½ TL frisch gemahlener schwarzer Pfeffer
2 Knoblauchzehen, fein gewürfelt
¼ TL gemahlene Muskatnuss
2 EL Mehl
230 ml Gemüsebrühe
230 g Sojajoghurt
65 g vegane Röstzwiebeln + mehr zum Bestreuen

ZUBEREITUNG

Den Backofen auf 230 °C vorheizen, den Teig 5 Minuten backen, dann herausnehmen und beiseitestellen.

Etwa 4 l Wasser mit 2 EL Salz zum Kochen bringen. Die Bohnen hineingeben und 5 Minuten blanchieren, dann abgießen und in eine große Schüssel Eiswasser legen, damit sie nicht weiter garen. Abgießen und beiseitestellen.

Die Margarine in einer großen Pfanne bei mittlerer Temperatur zerlassen. Pilze, das restliche Salz und den Pfeffer hinzugeben und etwa 5 Minuten schmoren, bis die Pilze etwas Flüssigkeit abgeben.

Knoblauch und Muskatnuss dazugeben und nach 1–2 Minuten das Mehl unter Rühren hinzufügen. Gemüsebrühe angießen und zum Kochen bringen.

Die Hitze reduzieren und den Sojajoghurt zugeben. 6–8 Minuten köcheln, bis die Mischung andickt, dabei gelegentlich umrühren.

Vom Herd nehmen und Röstzwiebeln und grünen Bohnen unterheben. Auf dem vorgebackenen Pizzateig verteilen und diesen 10–15 backen, bis der Rand sich golden färbt und der Belag heiß ist und blubbert. Nach Geschmack mit mehr Röstzwiebeln bestreuen.

SHEPHERD'S PIE PIZZA

Kartoffelpüree auf Pizza zu streichen liegt mir im Blut. Ich habe schon so viele Varianten ausprobiert, dass ich mich gar nicht an alle erinnern kann, aber das hier ist mein Favorit. Kartoffelbrei, Möhren, Erbsen und aromatische Kräuter machen sie zu der einzigen Shepherd's Pie, die man beim Gassigehen essen kann – und darauf bin ich verdammt stolz.

Für 8–10 Personen

ZUTATEN

1 Portion Pizzateig (S. 100)

SAUCE

450 g vorwiegend festkochende Kartoffeln
1 mittelgroße rote Zwiebel, fein gewürfelt
2 Knoblauchzehen, fein gewürfelt
1 Spritzer Öl zum Braten
60 ml Sojasahne
2 EL vegane Margarine
½ TL getrockneter Rosmarin
½ TL getrockneter Thymian

BELAG

1 Möhre, gewürfelt
75 g Erbsen (frisch oder TK)
50 g Bumenkohl, gewürfelt
50 g grüne Bohnen
35 g Champignons, in Scheiben geschnitten
2 EL vegane Margarine
2 EL Mehl
120 ml Gemüsebrühe
2 EL gehackter frischer Salbei
Salz und frisch gemahlener schwarzer Pfeffer

ZUBEREITUNG

Den Backofen auf 230 °C vorheizen und den Pizzateig 3–4 Minuten backen. Dann herausnehmen und beiseitestelle, den Pizzastein dabei im Ofen lassen.

Für die Sauce die Kartoffeln schälen und in 1,5 cm große Würfel schneiden. In einen Topf geben, mit kaltem Wasser bedecken, den Deckel auflegen und das Wasser bei hoher Temperatur zum Kochen bringen. Dann die Hitze reduzieren und die Kartoffeln 15–20 Minuten köcheln, bis man sie mit einer Gabel leicht zerdrücken kann.

Zwiebel und Knoblauch mit einem Spritzer Öl in einer kleinen Pfanne etwa 3–5 Minuten bei mittlerer Hitze anschwitzen, bis sie weich sind.

Die Kartoffeln abgießen und mit Knoblauch, Zwiebel, Sojasahne, Margarine, Rosmarin und Thymian in eine große Schüssel geben. Mit einem Kartoffelstampfer grob zerstoßen – ein paar Klümpchen sind in Ordnung! (Vorsicht, im Standmixer wird das Püree schnell gummiartig!)

Für den Belag Möhren, Erbsen, Blumenkohl und grüne Bohnen weich dünsten. In einem großen Topf bei mittlerer Hitze das gedünstete Gemüse mit Pilzen, Margarine, Mehl, Gemüsebrühe und Salbei sowie Salz und Pfeffer nach Geschmack verrühren. Etwa 3 Minuten köcheln lassen, bis die Sauce eindickt, und beiseitestellen.

Die Kartoffelmischung auf den Pizzateig streichen, mit dem Gemüse belegen und mit Salz und Pfeffer nach Geschmack würzen.

15–20 Minuten backen, bis alles warm und knusprig ist.

CHICAGO-SANDWICH

Wann ist ein Hotdog kein Hotdog? Wenn er ein Sandwich ist! Ich habe ein paar meiner liebsten Aromen von Chicagoer Hotdog-Ständen auf ein knuspriges Baguette gestapelt und ein leckeres (insgeheim gesundes) Sandwich kreiert, das klasse zu einer Portion Grünkohlchips passt.

Ergibt 4 Sandwiches

ZUTATEN

½ Portion Käsesauce (S. 160)

2 EL Pflanzenöl

1 mittelgroße rote Zwiebel, in Scheiben geschnitten

225 g Champignons, in Scheiben geschnitten

2–3 Knoblauchzehen, fein gewürfelt

450 g Spinat, gewaschen

1 mittelgroße Tomate, gewürfelt

Selleriesalz

saure Gurken, gewürfelt

4 Baguettebrötchen, quer halbiert und mit Olivenöl bestrichen

eingelegte scharfe Paprikaschoten (nach Belieben)

Senf (nach Belieben)

ZUBEREITUNG

Frisch zubereitete Käsesauce ein paar Stunden in den Kühlschrank stellen, damit sie andickt und sich streichen lässt.

In einer großen Pfanne bei mittlerer Temperatur das Öl erhitzen. Die Zwiebel 3 Minuten darin anschwitzen. Pilze und Knoblauch hinzufügen und weitere 3 Minuten garen. Spinat und Tomate zugeben und 2–3 Minuten mitgaren, bis der Spinat zusammengefallen ist. Die Zwiebel soll glasig werden, die Pilze braun. Mit Selleriesalz bestreuen und beiseitestellen. (Ich lasse die Pfanne oft bei kleiner Hitze auf dem Herd stehen, damit sie warm bleibt, während ich zum nächsten Schritt übergehe.)

Eine Grillpfanne bei mittlerer bis hoher Temperatur erhitzen. Die Baguettebrötchen anrösten, bis sie das typische Grillmuster aufweisen. Etwa 2 EL Käsesauce auf eine Hälfte der Brötchen streichen, 1–2 EL Gurken auf der anderen verteilen. Mit der Gemüsemischung und Paprikaschoten belegen und nach Belieben Senf darübergeben. Die Baguettehälften zusammensetzen und reinbeißen!

KÄSEMAKKARONI-SANDWICH

Wenn Imbisswagen, wie ich glaube, etwas über die moderne Esskultur aussagen, dann sind Käsetoasts in den USA zurzeit total in. Leider habe ich noch keinen Wagen gefunden, der eine so gute vegane Option anbietet wie diese. Pikante Käsesauce, saftige Tomaten und frischer, erdiger Spinat erheben Käsemakkaroni zu einer großartigen Mahlzeit. Ladet eure hungrigsten Freunde ein!

Ergibt 10 Sandwiches

ZUTATEN

450 g Makkaroni

1 Portion Käsesauce (S. 160)

20 Scheiben Toastbrot

60 g vegane Margarine

450 g Spinat, Stiele entfernt

1 große Tomate, Kerne entfernt und in Scheiben geschnitten

Salz und frisch gemahlener schwarzer Pfeffer

ZUBEREITUNG

Die Makkaroni nach Packungsanleitung kochen, abgießen und die Hälfte der Käsesauce unterrühren. Die andere Hälfte für später in den Kühlschrank stellen. Ein Backblech leicht einfetten und die Käsemakkaroni in einer gleichmäßigen Schicht daraufstreichen. Für mindestens 1 Stunde in den Kühlschrank stellen. Wenn die Nudeln kalt sind, in Quadrate schneiden, die etwas kleiner als die verwendeten Brotscheiben sind.

Den Backofen auf 250 °C vorheizen und eine ofenfeste Pfanne hineinstellen.

Zwei Scheiben Brot mit Margarine bestreichen. Mit der Margarineseite nach unten auf die Arbeitsfläche legen und ein wenig von der übrigen Käsesauce daraufstreichen. Eine der Scheiben mit einem Käsemakkaroniquadrat, etwas Spinat sowie 1–2 Tomatenscheiben belegen und mit Salz und Pfeffer bestreuen. Nun die andere Brotscheibe mit der Margarineseite nach oben darauflegen. Auf diese Weise weitere Sandwiches zusammensetzen.

Mit einer Küchenzange die Sandwiches in die heiße Pfanne im Ofen geben, bis die Unterseite geröstet ist, dann umdrehen und noch ein paar Minuten im Ofen rösten, bis auch die andere Seite schön kross ist und die Makkaroni warm sind. Halbieren und warm genießen.

THAI-SANDWICH

Sandwiches waren für mich eine ziemlich triste Angelegenheit, bis ich anfing, meine Lieblingsgerichte in Sandwichform zu bringen. Für diese Interpreation von Thai Food müsst ihr den Mund ganz schön weit aufreißen, aber die typisch asiatische (S. 102) Erdnusssauce, der marinierte Tofu und die knusprigen Garnierungen sind den ausgerenkten Kiefer allemal wird.

Ergibt 4 Sandwiches

ZUTATEN

400 g fester oder extrafester Tofu

fischfreie Erdnusssauce (S. 159)

Kokosmilch, wenn nötig

1 Tomate

1 Gurke

1 rote Zwiebel

1 Jalapeño (nach Belieben)

8 Scheiben Vollkornbrot aus Sauerteig (oder eure Lieblingssorte)

1 Handvoll Sprossen

1 Handvoll Babyspinat

ZUBEREITUNG

Den Tofu abgießen, quer in vier Stücke schneiden und pressen. Wenn eure Erdnusssauce dickflüssig ist, 240 ml davon mit ein wenig Kokosmilch verdünnen. Die Steaks mit der Erdnusssauce in ein verschließbares Gefäß geben und für bis zu 4 Stunden, mindestens aber 30 Minuten, in den Kühlschrank stellen.

Den Backofen auf 200 °C vorheizen, ein Backblech mit Backpapier auslegen und leicht einfetten. Die marinierten Tofu-Steaks darauflegen und 40 Minuten backen, dabei nach der Hälfte der Zeit wenden.

Etwa 15 Minuten vor Ende der Backzeit das Gemüse waschen und abtrocknen. Tomate, Gurke, Zwiebel und Jalapeño in Scheiben schneiden (ich mag am liebsten dünne Scheiben, die ich dann hoch aufhäufe).

Zwei Scheiben Brot mit dickflüssiger Erdnusssauce bestreichen, eine Scheibe Tofu darauflegen und das Sandwich mit Gemüse beladen. Es schmeckt auch kalt gut, also bewahrt eventuelle Reste für den nächsten Tag im Kühlschrank auf.

BARBECUE-SALAT

Salat ist ätzend. Zumindest dieses geschmacklose grüne Zeug, das ich früher dafür hielt. Doch dieses herzhafte Gericht, das verschiedene Aromen und Konsistenzen kombiniert, ist aus meinem Haus nicht mehr wegzudenken – uns ist sogar egal, dass Grünkohl drin ist! Serviert ihn mit Maiskuchen als reichhaltiges Abendessen oder nehmt ihn mit zur Arbeit – eure Kollegen werden vor Neid erblassen.

Für 6 Personen

ZUTATEN

1 Portion Schmortopf à la Cannibal Corpse (S. 102; s. Anmerkung)

Rapsöl für die Pfanne

1 kleine Zwiebel, gewürfelt

2 Knoblauchzehen, fein gewürfelt

225 g Grünkohl, entstielt und gehackt

1 Dose (400 g) Kidneybohnen, abgegossen und abgespült

Saft von ½ Zitrone

1 Prise Salz

ALS BEILAGE

Naturreis, gegart

veganes Ranch-Dressing (S. 158)

ZUBEREITUNG

Eine große Pfanne bei mittlerer Temperatur erhitzen. Einen Spritzer Öl hineingeben und die Zwiebel in etwa 4 Minuten glasig schwitzen. Knoblauch hinzufügen und 1 Minute anschwitzen, dabei häufig rühren, damit er nicht verbrennt. Grünkohl, Bohnen und 2 EL Wasser hinzufügen, den Deckel auflegen und 5 Minuten köcheln, bis der Kohl zusammengefallen ist und die Bohnen heiß sind. Vom Herd nehmen und mit einem Spritzer Zitronensaft und Salz abschmecken.

Einen großzügigen Löffel Schmortopf à la Cannibal Corpse daraufgeben, dann mit Ranch-Dressing beträufeln. Warm mit Naturreis servieren. Auch auf Quinoa oder einer Scheibe Maiskuchen macht sich der Salat gut.

Anmerkung: Der Schmortopf à la Cannibal Corpse braucht etwa 6 Stunden. Bereitet den Barbecue-Salat zu, wenn der Küchentimer noch eine halbe Stunde anzeigt.

HERZHAFTER PIE-TEIG

Dieser Teig für gedeckte Pies mit herzhafter Füllung, die wir Potpies nennen, ist super einfach. Für noch mehr Geschmack gebe ich gern Kräuter und Gewürze in den Teig, aber auch pur ist er einfach köstlich. Im Kühlschrank hält er sich prima – ihr könnt ihn also problemlos ein paar Tage im Voraus zubereiten und dann im Handumdrehen eine Potpie auf den Tisch zaubern.

Ergibt eine gedeckte Pie (23 cm Ø)

ZUTATEN

125 g Mehl
120 g Weizenvollkornmehl
1 TL Salz
150 g ungehärtetes Pflanzenfett

ZUBEREITUNG

Die Mehlsorten mit dem Salz in eine Rührschüssel sieben. Das Pflanzenfett in Flöckchen dazugeben und mit dem Handmixer verrühren, bis sich grobe Krümel bilden. Nach und nach 120 ml sehr kaltes Wasser einrühren, bis der Teig eine Kugel bildet. In zwei Hälften teilen und jede in Frischhaltefolie einwickeln. Mindestens 15 Minuten kühl stellen, dann eine der Kugeln ausrollen und in eine gefettete Pie-Form (23 cm Ø) oder eine runde Auflaufform drücken.

Bei Potpies zuerst den Boden für 5 Minuten in den auf 220 °C vorgeheizten Backofen schieben. Herausnehmen und zum Abkühlen beiseitestellen. In der Zwischenzeit die Füllung zubereiten.

QUINOA-POTPIE

Was ist ein leckeres Gericht, das man zwischen zwei Lagen buttrigen Pie-Teig steckt? Pure Magie! Und ein tolles Abendessen. Dank der intensiven Aromen von Zitrusfrüchten und Kalamata-Oliven bietet diese herzhafte und doch leichte Vorspeise Überraschungen bei jedem Bissen.

Für 6 Personen

ZUTATEN

1 Portion herzhafter Pie-Teig (S. 118)

1 große Fenchelknolle

170 g Quinoa

¼ TL Salz + mehr nach Geschmack

2 EL Olivenöl

2 Dosen Kichererbsen (à 400 g), abgegossen und abgespült

120 g Kalamata-Oliven, halbiert und entsteint

abgeriebene Schale und Saft von ½ Bio-Zitrone

abgeriebene Schale und Saft von 1 Bio-Orange

2 EL vegane Margarine

2 EL Mehl

½ TL gemahlener Koriander

½ TL gemahlener Kreuzkümmel

60 g Walnusskerne, gehackt und geröstet

frisch gemahlener schwarzer Pfeffer

ZUBEREITUNG

Den Backofen auf 220 °C vorheizen und den Pie-Boden 5 Minuten vorbacken. Aus dem Ofen nehmen und auf einem Kuchenrost beiseitestellen.

Die Fenchelknolle von den Blättern befreien und in ca. 5 mm große Würfel schneiden.

In einem kleinen Topf die Quinoa mit 350 ml Wasser und Salz aufkochen. Die Hitze reduzieren, Deckel auflegen und 15 Minuten köcheln lassen. Vom Herd nehmen und 5 Minuten ruhen lassen, dann mit einer Gabel auflockern.

Während die Quinoa kocht, 1 EL Olivenöl in einer großen Pfanne bei mittlerer Temperatur erhitzen. Die Fenchelwürfel 10–15 Minuten darin anschwitzen, bis sie weich werden. Kichererbsen, Oliven und Zitronensaft hinzufügen. Weitere 5 Minuten bei mittlerer Hitze garen, dann beiseitestellen.

Den Orangensaft in einen Messbecher füllen und mit Wasser auf 350 ml auffüllen. In einem großen Topf die Margarine bei niedriger Temperatur zerlassen. Das Mehl einrühren und 3–4 Minuten weiterrühren, bis es sich goldbraun färbt. Die Temperatur erhöhen, die Orangensaftmischung, Zitronen- und Orangenschale, das restliche Olivenöl und Salz und Pfeffer nach Geschmack einrühren. Weitterrühren, bis die Mischung andickt. Zum Kochen bringen, dann vom Herd nehmen und Quinoa, Koriander und Kreuzkümmel untermischen.

Die Quinoamischung mit der Fenchelmischung verrühren und die Walnusskerne unterheben. Auf den Pie-Boden geben. Die andere Teighälfte ausrollen und die Pie damit bedecken. Dabei an den Rändern gut zusammendrücken, um die Pie zu versiegeln.

Fünf Schlitze in die Oberfläche ritzen und die Pie 30 Minuten backen. Danach die Potpie mit Alufolie abdecken, damit sie nicht anbrennt, und weitere 15 Minuten backen. 5 Minuten abkühlen lassen, dann in Stücke schneiden.

PIES

SAMOSA-POTPIE

Ich bin bekannt dafür, dass ich eine ganze Samosa-Potpie allein vertilgen kann. Und ich war versucht, dieses Rezept »Größte Samosa der Welt« zu nennen. Würzige Kartoffeln und Erbsen mit Spinat, Tomaten und grünen Chilis: perfekt für einen regnerischen Tag – oder jeden anderen Tag. Ich habe dieses Rezept an meiner Kollegin getestet, deren einziger Geburtstagswunsch »Fleisch« war. Sie hat den Rest des Tages damit verbracht, von dieser herzhaften Pie zu schwärmen. Sieg!

Für 6 Personen

ZUTATEN

1 Portion herzhafter Pie-Teig (S. 118)
1 große Kartoffel
1 TL Pflanzenöl für die Pfanne
1 große Tomate, gewürfelt
1 mittelgroße Zwiebel, fein gewürfelt
1½ TL geschälter und fein gewürfelter Ingwer
1½ TL fein gewürfelter Knoblauch
1–2 grüne Chilis, gehackt
250 g frischer Spinat, gehackt
2 EL vegane Margarine
2 EL Mehl
250 ml Sojamilch
1 EL Currypulver
450 g TK-Erbsen
1 Prise Salz

ZUBEREITUNG

Den Backofen auf 220 °C vorheizen und den Pie-Boden 5 Minuten vorbacken. Aus dem Ofen nehmen und auf einem Kuchengitter beiseitestellen.

Die Kartoffel drei- oder viermal mit einer Gabel einstechen und 10 Minuten in die Mikrowelle geben oder im Topf gar kochen. 5 Minuten abkühlen lassen, dann würfeln.

In einem großen Topf das Öl bei mittlerer bis niedriger Temperatur erhitzen und die Tomaten und Zwiebeln 2–3 Minuten darin schmoren, bis die Zwiebel anfängt weich zu werden. Ingwer, Knoblauch, Chilis und Spinat zugeben und 2–3 Minuten schmoren, bis der Spinat zu zerfallen beginnt. Dabei häufig umrühren, damit der Knoblauch nicht anbrennt.

In einem kleinen Topf die Margarine bei geringer Hitze zerlassen. Das Mehl hinzufügen und 3–4 Minuten rühren, bis es sich goldbraun färbt. Die Temperatur erhöhen und die Sojamilch angießen. Rühren, bis die Mischung nach 2–3 Minuten andickt. Vom Herd nehmen und das Currypulver zufügen.

Die Gemüsemischung in die Currymischung geben, salzen und auf den vorbereiteten Teigboden schöpfen. Die andere Teighälfte ausrollen und die Pie damit bedecken. Dabei an den Rändern gut zusammendrücken, um die Pie zu versiegeln.

Fünf Schlitze in die Oberfläche ritzen und für 30 Minuten in den Backofen schieben. Danach die Potpie mit Alufolie abdecken, damit sie nicht zu dunkel wird, und weitere 15 Minuten backen. 5 Minuten abkühlen lassen, dann in Stücke schneiden.

SPAGHETTIKUCHEN MIT OMAS ÜBER JEDE KRITIK ERHABENER SAUCE

Meine Oma ist ein 1,50 m großes Energiebündel und manchmal ziemlich unverfroren. Aber mit ihrer berühmten Spaghettisauce macht sie alles wieder wett. Ich habe schon LKW-Fahrer gesehen, die wegen dieser Sauce weiche Knie bekamen! Omas Sauce ist der Star in diesem überbackenen Nudelgericht, das sowieso ein tolles Resteessen ist.

Für 10–12 Personen

ZUTATEN

SAUCE

1 mittelgroße Zwiebel, geschält
150 g kleine braune Champignons, in Scheiben geschnitten
85–175 g grüne Kalamata-Oliven, entsteint und halbiert
2 Knoblauchzehen, fein gewürfelt
Öl für die Pfanne
450 g passierte Tomaten
175 g Tomatenmark
1 EL italienische Kräuter
2 Lorbeerblätter
½ TL Zucker
1 Prise schwarzer Pfeffer
1 Prise Salz

CASHEWKERN-RICOTTA

50 g Cashewkerne
350 g Seidentofu
1 EL frisch gepresster Zitronensaft
2 TL Salz

ZUM ÜBERBACKEN

30 g Semmelbrösel
2 EL Hefeflocken
¼ TL Salz

Olivenöl und Semmelbrösel für die Auflaufform (23 x 33 cm)
450 g Spaghetti

→

ZUBEREITUNG

Das Geheimnis meiner Oma ist, ein Ende der geschälten Zwiebel abzuschneiden und das andere heil zu lassen: Das flache Ende ein paarmal einschneiden, aber nicht ganz durchschneiden. Beim Kochen in der Sauce wird sich die Zwiebel wie eine Blüte öffnen und ihr Geschmack verleihen. Es ist euch überlassen, ob ihr die Zwiebel am Ende in kleine Stücke brecht und in der Sauce belasst oder entsorgt.

Für die Sauce alle Zutaten, auch die Zwiebel, mit 2 EL Wasser in einen großen Topf geben. Den Deckel auflegen und bei mittlerer bis niedriger Temperatur 1½ Stunden köcheln lassen, dabei gelegentlich mit einem Holzlöffel umrühren. Ist die Sauce fertig, die Lorbeerblätter herausfischen und entsorgen.

Während die Sauce köchelt, die Cashewkerne im Standmixer ganz fein hacken. Tofu, Zitronensaft und Salz hinzufügen und nicht ganz fein pürieren – ein paar Stückchen sollten bleiben!

In einer kleinen Schüssel die Semmelbrösel, Hefeflocken und Salz vermischen.

Den Backofen auf 150 °C vorheizen und die Auflaufform mit Olivenöl einfetten. 1 EL der Bröselmischung darin verstreuen und beiseitestellen. Die Spaghetti nach Packungsanweisung al dente kochen. Abgießen, aber nicht abspülen und zurück in den Kochtopf geben. Den Cashew-Ricotta und 230 ml der Sauce unterrühren.

Die Nudeln in die Auflaufform füllen und mit 2 EL der Bröselmischung bestreuen. Mit Alufolie abdecken und für 30 Minuten in den Ofen schieben. Die Folie abnehmen und weitere 15 Minuten backen. Den fertigen Nudelauflauf in Rechtecke schneiden und auf jedes Stück einen Löffel warme Sauce geben. Mit mehr Bröseln oder etwas veganem Parmesan (S. 99) bestreuen.

Ein Ende der geschälten Zwiebel abschneiden und das andere heil lassen. Das flache Ende ein paarmal einschneiden, aber nicht ganz durchschneiden.

Party-Tipp

Wenn ihr eine stückigere Pastasauce bevorzugt, gehackte Tomaten verwenden.

SÜDSTAATEN-PANZANELLA

In meinen Träumen habe ich meine eigene Kochshow namens *Snackdown*, in der ich berühmte Profi-Wrestler aus den 1980er-Jahren bekoche, mit ihnen abhänge und darüber quatsche, wie cool sie sind. In dieser Folge überarbeite ich den klassischen italienischen Brotsalat für den Südstaatler Hillbilly Jim. Er ist vollgepackt mit Augenbohnen und frischem Gemüse wie Rote Bete und Gurken, abgerundet mit einem würzigen Senfdressing. Unbedingt die Tipps dazu lesen (S. 127)!

Für 4–6 Personen

ZUTATEN

MAISKUCHEN

1 EL vegane Margarine
130 g TK-Mais
475 ml Sojamilch
2 TL Apfelessig
350 g Maisgrieß
125 g Mehl
2 TL Backpulver
2 EL Zucker
½ TL Salz
80 ml Rapsöl

DRESSING

45 g veganer Dijonsenf
80 g Agavendicksaft
60 g vegane Mayo (S. 158)
2 EL Olivenöl
2 EL Reisessig

SALAT

1 Dose (400 g) Augenbohnen, abgegossen und abgespült
½ rote Zwiebel, in dünne Ringe geschnitten
1 gelbe Paprikaschote, Samen entfernt und in 2,5 cm große Stücke geschnitten
2 Tomaten, in 2,5 cm große Stücke geschnitten
1 Gurke, ungeschält, Samen entfernt und in 1,3 cm große Stücke geschnitten
170 g Babyspinat
425 g gegarte Rote Bete in Würfeln
Salz und frisch gemahlener schwarzer Pfeffer

→

ZUBEREITUNG

Den Backofen auf 180 °C vorheizen und ein Backblech (23 x 33 cm) einfetten.

Für den Maiskuchen die Margarine in einer Pfanne bei mittlerer Temperatur zerlassen, Mais hinzufügen und in 5–7 Minuten leicht bräunen. Vom Herd nehmen und vollständig auskühlen lassen.

In einer mittelgroßen Schüssel den Essig in die Sojamilch einrühren und 1–2 Minuten stocken lassen. Währenddessen in einer Rührschüssel Maisgrieß, Mehl, Backpulver, Zucker und Salz vermischen. Die Sojamilchmischung, das Öl und die trockenen Zutaten zufügen und locker verrühren. Die abgekühlten Maiskörner unterziehen und den Teig auf das vorbereitete Blech gießen.

25–30 Minuten backen und die Garprobe machen (S. 31). Vollständig auskühlen lassen.

Nach dem Abkühlen den Kuchen in 2,5 cm große Würfel schneiden – er sollte ziemlich fest und relativ trocken sein. Erscheint er zu weich, die Würfel für 10 Minuten in den auf 200 °C vorgeheizten Ofen schieben, um sie auszutrocknen.

In einem Schälchen alle Zutaten für das Dressing verrühren.

Für den Salat in einer Salatschüssel die Bohnen, Zwiebel, Paprika, Tomate, Gurke und Spinat vermengen. Die Kuchenwürfel hinzugeben und mit dem Dressing vermischen. Großzügig mit Salz und Pfeffer würzen. Den Salat vor dem Servieren mindestens 30 Minuten kühl stellen, dann erneut durchmischen. Die Rote Bete erst kurz vor dem Servieren unterheben.

Party-Tipps

- Dieser Maiskuchen ist speziell für diesen Salat gemacht – pur ist er eher hart und trocken.
- Ihr könnt die Rote Bete auch schon früher untermischen, aber dann wird der Salat knallrosa.

FALAFEL-WAFFEL

Wenn etwas essbar ist, habe ich es mit 99%iger Wahrscheinlichkeit schon in mein Waffeleisen gesteckt, nur um zu sehen, was passiert. Im Falle von Falafel ist das Resultat eine köstliche Waffel, die außen knusprig und innen weich ist – und das ganz ohne Frittieren! Der Hummus past auch toll zu Pitabrot mit Gemüse, dann einfach nur etwa 2 EL Tahini verwenden.

Ergibt etwa 8 Waffeln

ZUTATEN

FALAFELTEIG

2 Dosen (à 400 g) Kichererbsen, abgegossen und abgespült

1 Handvoll frische Petersilie, gehackt

1 kleine Zwiebel, fein gewürfelt

2 Knoblauchzehen, fein gewürfelt

½ TL gemahlener Koriander

½ TL gemahlener Kreuzkümmel

1½ TL Mehl

1 TL Natron

Salz und frisch gemahlener schwarzer Pfeffer

HUMMUS

1 Dose (400 g) Kichererbsen, abgegossen und abgespült

Saft von ½ Zitrone

60 g Tahini

60 ml Olivenöl

1–2 Knoblauchzehen

BELAG

1 mittelgroße Gurke, gewürfelt

1 große Tomate, gewürfelt

Saft von ½ Zitrone

1 EL Olivenöl

ZUBEREITUNG

Für den Falafelteig die Kichererbsen in einem Standmixer mit Petersilie, Zwiebeln und Knoblauch pürieren, bis die großen Stücke zerkleinert sind (kleine Stückchen sind okay, sie verleihen den Waffeln Biss) – eventuell portionsweise arbeiten. Die Mischung in eine große Schüssel füllen und Koriander, Kreuzkümmel, Salz, Pfeffer, Mehl und Backpulver einrühren. Mindestens 1 Stunde in den Kühlschrank stellen.

Währenddessen den Hummus zubereiten. Dazu alle Zutaten im Standmixer cremig pürieren. Er sollte etwas dünnflüssgier sein als gewöhnlicher Hummus.

Ein Waffeleisen für Belgische Waffeln je nach Bedienungsanleitung vorheizen und einfetten. Wenn sich die Temperatur regeln lässt, eine mittlere wählen. 2–3 EL Falafelteig pro Waffel ins Waffeleisen schöpfen und zuklappen. 2–4 Minuten backen, bis die Oberfläche knusprig und leicht gebräunt ist.

Für den Belag Gurke und Tomate mit Zitronensaft und Olivenöl vermengen und nach Geschmack mit Salz und Pfeffer würzen.

Einen Klecks Hummus sowie Tomaten und Gurken auf die Falafel-Waffeln häufen. Warm servieren.

ZOMBIE-DOGS

Dieses Rezept ist inspiriert von einem Film über Zombies, in dem Einkaufszentren aus den späten Siebzigern und ihre Food-Courts eine Rolle spielen. Ich kann da nie vorbeigehen, ohne sehnsüchtige Blicke auf die Hotdogs im Laugenteig, auch Pretzel Dogs genannt, zu werfen und mir zu wünschen, sie wären vegan. Ihr dürft euch freuen, Freunde, ich präsentiere euch selbst gemachtes Einkaufszentrum-Essen! Dieses Rezept ist für 6–8 Würstchen gedacht. Um einfallende Biker-Gangs zu füttern, solltet ihr die Mengen verdoppeln oder verdreifachen.

Ergibt 6–8 Zombie-Dogs

ZUTATEN

1 EL Zucker

2 TL grobes Salz

1 Tütchen Trockenhefe

550 g Mehl

2 EL vegane Margarine, zerlassen, + mehr zum Bestreichen

6–8 vegane Wiener

1 EL Natron

grobes Salz zum Bestreuen

ZUBEREITUNG

350 ml warmes Wasser, Zucker und Salz in einer Schüssel verrühren und die Hefe darüberstreuen. 5 Minuten ruhen lassen, bis die Mischung zu schäumen beginnt. Mehl und 2 EL Margarine hinzufügen und mit den Knethaken des Handmixers auf niedriger Stufe gut verrühren. Auf mittlere Stufe schalten und den Teig in 4–5 Minuten geschmeidig kneten, bis er sich vom Rand der Schüssel löst. Den Teig aus der Schüssel heben, die Schüssel spülen und mit Pflanzenöl einfetten.

Den Teig wieder in die Schüssel legen und mit Frischhaltefolie abdecken. An einem warmen Ort 50–55 Minuten gehen lassen, bis sich das Teigvolumen verdoppelt hat.

Den Backofen auf 230 °C vorheizen. Den aufgegangenen Teig in golfballgroße Portionen aufteilen und zu 30 cm langen Teigschnüren rollen. Am besten die Arbeitsfläche und die Hände mehlen, denn der Teig ist klebrig. Jedes Würstchen in Teig einwickeln und auf ein mit Backpapier ausgelegtes Blech legen. Natron in 230 ml warmes Wasser einrühren. Den Teig damit bestreichen und dann in 10 Minuten goldbraun backen.

Mit zerlassener Margarine bestreichen und mit grobem Salz bestreuen.

TEAM VEGGIE
GO TOFU!

Kapitel 4

Snacks & Partyfood

Eigentlich alle Kapitel in diesem Buch, aber dieses besonders, habe ich mit Partys im Hinterkopf geschrieben. Vielleicht kocht ihr gerne Viergängemenüs für eure Freunde, ich stelle lieber ein paar Snacks auf den Tisch und gebe den Startschuss.

Snacks sind aber nicht nur etwas für Partys. Diese Beinahe-Vorspeisen können auch als Appetithappen dienen, quasi Snacks vor dem Essen. Serviert Pastabällchen, bevor ihr euch auf einen Barbecue-Salat stürzt, oder Frühlingsrollen mal anders vor einer Pizza mit grünen Bohnen. Viele dieser Rezepte lassen sich im Voraus zubereiten und leicht aufwärmen, wenn die Fütterungszeit naht.

Kostet mal meinen gesunden Spieltagsdip, während ihr so tut, als hättet ihr Ahnung vom Football, oder bereitet Avocado-Caprese auf geröstetem Brot zu, um die Zeit bis zum Mittagessen zu überbrücken. Und verpasst keinesfalls meine Vorschläge zum Teller-(Leer)-Essen.

PIZZA-CUPCAKES

Genau genommen sind es Muffins, vielleicht sogar Brötchen. Aber nach nur einem Bissen dieser herzhaften kleinen Snacks schert sich keiner mehr um Semantik. In der Mini-Version könnt ihr sie mit Marinarasauce als mundgerechte Appetithappen servieren. Oder ihr geht aufs Ganze und reicht sie zu Pasta. Ich spritze die Marinarasauce den Cupcakes mit einem Spritzbeutel direkt ins Herz.

Ergibt 12 Cupcakes

ZUTATEN

240 ml Sojamilch

60 ml Pflanzenöl

60 g Seidentofu, püriert

250 g Mehl

25 g veganer Parmesan (S. 99) + mehr zum Bestreuen

1 kleine Handvoll Basilikum, gehackt

2½ TL Backpulver

1 TL italienische Kräuter

¼ TL Salz

60 g getrocknete Tomaten in Öl, abgegossen und gehackt

80 g Kalamata-Oliven, gehackt

Marinara- oder Pizzasauce zum Dippen (nach Belieben)

ungehärtetes Pflanzenfett für die Form

ZUBEREITUNG

Den Backofen auf 200 °C vorheizen und ein 12er-Muffinblech einfetten.

In einer Rührschüssel Sojamilch, Öl und Tofu vermischen. Mehl, veganen Parmesan, Basilikum, Backpulver, italienische Kräuter und Salz einrühren, bis die Zutaten gerade feucht sind. Die Tomaten und Oliven unterheben und den Teig in die Mulden der Muffinform geben. Mit mehr veganem Parmesan bestreuen und 18–20 Minuten backen. Warm servieren.

NACHO-CUPCAKES

Auch hier handelt es sich genau genommen um Muffins. Ich genieße glaube ich einfach die entsetzen Mienen, wenn ich Leute frage: »Haben Sie schon einen Nacho-Cupcake gekostet?« Sadistisch. Aber egal. Serviert sie mit Bohnensalat und Guacamole und schon habt ihr eine Fiesta. Noch besser: Stellt Muffins, Salat und Dipp bereit und überlasst den Rest euren Gästen.

Ergibt 12 Cupcakes

ZUTATEN

240 ml Sojamilch
1 TL Apfelessig
125 g Mehl
125 g feiner Maisgrieß
1 EL Backpulver
½ TL Salz
½ TL frisch gemahlener schwarzer Pfeffer
2 mittelgroße Jalapeños, mit Samen gewürfelt
50 g Mais
60 g Seidentofu, püriert
70 g Zucker
2 EL Pflanzenöl
ungehärtetes Pflanzenfett für die Form

BELÄGE

1 Dose (420 g) Bohnenpüree (refried beans)
Oliven, in Scheiben geschnitten
mehr Jalapeños, in Scheiben geschnitten, Seitanschnetzel, Guacamole etc. (nach Belieben)
Tortillachips
Nacho-Käsesauce (S. 161)

ZUBEREITUNG

Den Backofen auf 200 °C vorheizen und ein 12er-Muffinblech einfetten.

In einem Messbecher die Sojamilch mit dem Apfelessig verrühren und ein paar Minuten stocken lassen. In der Zwischenzeit in einer mittelgroßen Schüssel Mehl, Maisgrieß, Backpulver, Salz und Pfeffer vermischen. In einer Rührschüssel die Sojamilchmischung, Jalapeños, Mais, Tofu, Zucker und Öl verrühren. Die trockenen Zutaten dazuschütten und alles gut verrühren.

Die Muffinformen zu zwei Dritteln mit Teig füllen. 15–20 Minuten backen, bis die Oberfläche sich golden färbt und an einem hineingestochenen Zahnstocher nichts haften bleibt. Aus der Form nehmen und auf einem Kuchengitter auskühlen lassen.

Um die Muffins zu nachoisieren, Bohnenpüree auf dem Herd erwärmen und auf die Muffins streichen. Mit Olivenscheiben und zusätzlichen Jalapeños oder anderen Belägen garnieren. Das Ganze mit einem Tortillachip abrunden, mit Nacho-Käsesauce servieren und ab geht die Party.

PASTABÄLLCHEN

Käsemakkaroni in würzigen Teig getunkt und kurz in der Fritteuse gebadet ergeben einen knusprigen Snack mit warmer, cremiger Füllung. Bei der Zubereitung gibt es viel Zeit zu überbrücken. Nutzt sie für wichtige Aktivitäten wie einarmige Liegestütze und Luftgitarrensolo üben oder Dinge auf Instagram hashtaggen. Ihr könnt die Bällchen im Voraus zubereiten und bei 200 °C im Backofen wieder aufwärmen.

Ergibt etwa 20 Stück

ZUTATEN

450 g Makkaroni
1 Portion Käsesauce (S. 160)
Rapsöl zum Frittieren
125 g Mehl
2 EL Backpulver
100 g Speisestärke
1 TL Knoblauchpulver
1 Prise Paprikapulver edelsüß
2 EL Rapsöl, ein paar Sekunden in der Mikrowelle erwärmt

ZUBEREITUNG

Die Makkaroni nach Packungsanweisung kochen, abgießen, zurück in den Kochtopf geben und die Käsesauce einrühren. In eine Auflaufform füllen und zum Abkühlen und Festwerden 2 Stunden in den Kühlschrank stellen. Golfballgroße Portionen auf ein mit Backpapier ausgelegtes Blech löffeln und 2 Stunden in den Tiefkühler stellen.

Das Öl zum Frittieren in einem großen Topf oder in der Fritteuse auf 180 °C erhitzen. Falls ihr kein Thermometer hat, einfach den Stiel eines Holzkochlöffels oder Esstäbchens etwa 2,5 cm tief ins Öl stecken, um die Temperatur zu testen. Steigen Blasen auf, ist es heiß genug.

Mehl, Stärke, Knoblauch- und Paprikapulver in einer Schüssel vermengen, dann 240 ml kaltes Wasser zugießen und verrühren. Das warme Rapsöl unterrühren, dann das Backpulver. Die gefrorenen Pastabällchen mit einer Gabel durch den Teig ziehen und kurz abtropfen lassen. Dann immer ein oder zwei Bällchen ins heiße Öl geben. Zu viel Gefrorenes würde die Temperatur senken und die Bällchen würden aufweichen und zerfallen. In 2–3 Minuten goldbraun frittieren, falls nötig wenden und weitere 2–3 Minuten frittieren. Auf Küchenpapier abtropfen lassen und heiß servieren.

Die Bällchen in Marinara-Sauce oder veganen Ranch-Dip (S. 158) dippen.

MACHO-KROKETTEN

Hier nutze ich die Kartoffel in ihrer beeindruckendsten Form – als Krokette. Allerdings machen sie hier mithilfe von Bohnenpüree und pikanter Nacho-Käsesauce einen auf Macho. Manche mögen einwenden, dass Nachos, die man mit Messer und Gabel essen muss, ihren Zweck verfehlen. Ladet solche Leute nicht ein, dann müsst ihr euch darüber keine Gedanken machen. Ihr werdet sowieso umso glücklicher sein, je mehr Kroketten ihr selbst abkriegt!

Für 4–8 Personen

ZUTATEN

1 Portion Nacho-Käsesauce (S. 161)
1 Tüte TK-Kroketten (500–900 g)

NACHO-GEWÜRZMISCHUNG

1½ TL Cayennepfeffer
1 TL gemahlener Kreuzkümmel
1 TL Salz
1 TL frisch gemahlener schwarzer Pfeffer
¼ TL Knoblauchpulver
¼ TL Ziebelpulver
¼ TL Chiliflocken
¼ TL Oregano

1 Dose (420 g) Bohnenpüree (refried beans)
1 Tomate, gewürfelt (nach Belieben)
schwarze Oliven, entsteint und in Scheiben geschnitten (nach Belieben)

ZUBEREITUNG

Die Nacho-Käsesauce zubereiten und warm halten (oder im Voraus kochen und vor dem Servieren aufwärmen).

Den Backofen je nach Angaben auf der Krokettenpackung vorheizen. In einem Schälchen die Zutaten der Nacho-Gewürzmischung vermengen. Die Krokettenpackung oben aufschneiden und etwa ein Viertel der Gewürzmischung hineinstreuen. Die Packung zuhalten und schütteln. Nach und nach das übrige Gewürz zugeben und durch Schütteln verteilen, bis alle Kroketten bedeckt sind. In einer Lage auf ein Backblech legen und nach Packungsanweisung backen. Ich lasse sie immer ein paar Minuten länger drin, damit sie schön knusprig werden.

Während die Kroketten backen, das Bohnenpüree in einem kleinen Topf erwärmen.

Sind die Kroketten fertig, aus dem Ofen nehmen und auf einer großen Servierplatte anrichten. Mit Bohnenpüree, Nacho-Käsesauce und Belägen eurer Wahl garnieren.

Party-Tipp

Macht den Snack zum Hauptgericht, indem ihr eine Dose veganes Chili über die ganze Chose kippt, bevor ihr die Nacho-Käsesauce darübergießt.

DIP IM CHIP

Wenn ihr jedes Mal zusammenzuckt, wenn eure Gäste ihre Dreckfinger wieder und wieder in die Chipsschüssel stecken, wird dieses Rezept euch von euren bazillophoben Sorgen befreien. Ich präsentiere: eine herzhafte Portion Avocado-Dip (mit einem Hauch Minze) in knusprigen Chip-Schälchen.

Ergibt 12 Förmchen

ZUTATEN

12 Tortillaschälchen (S. 153)

150 g vegane Mayo (S. 158)

Saft von 1 Limette

2 EL fein gehackte frische Minze

1 Knoblauchzehe, gerieben

¼ TL Salz

1 Spritzer Chilisauce

1 kleine rote Zwiebel, fein gewürfelt

2 Eiertomaten, Samen entfernt und gewürfelt

2 reife Avocados, geschält, entsteint und gewürfelt

ZUBEREITUNG

Die Tortillaschälchen wie auf S. 153 beschrieben zubereiten, aus dem Ofen nehmen und abkühlen lassen.

In einer Rührschüssel vegane Mayo, Limettensaft, Minze, Knoblauch, Salz und Chilisauce nach Geschmack verrühren. Vorsichtig Zwiebel, Tomate und Avocado einrühren. Die Mischung auf die Förmchen verteilen und sofort servieren.

Party-Tipp

Statt Tortillaschälchen könnt ihr auch vegane Wan-Tan-Teigblätter aus dem Asialaden in Mini-Muffinförmchen pressen und backen.

SPIELTAGSDIP

Ich schockiere meine Punk-Rock-Freunde mit meiner tiefen Liebe zu Football. Ich weiß, da spielen dieselben Sportskanonen, die uns in der Schule ausgelacht und gehänselt haben, aber ich vergebe ihnen, weil ich rohe Kraft und Spinatdip liebe. Man kann die Spiele nämlich unmöglich ohne eine Riesenportion würzigen Spinatdip anschauen und Veganer zu sein ist da keine Entschuldigung. Hier habe ich Grünkohl für zusätzliche grüne Power verwendet und Gewürze statt Glutamat.

Für 6 Personen

ZUTATEN

350 g Seidentofu

60 ml frisch gepresster Zitronensaft (etwa 1½ Zitronen)

1 kleine rote Zwiebel, grob gewürfelt

2 Knoblauchzehen, grob gewürfelt

1 TL Zwiebelpulver

1 TL Gewürzsalz

55 g Spinat, gehackt

55 g Grünkohl, entstielt und gehackt

60 g Wasserkastanien, gehackt

frisch gemahlener schwarzer Pfeffer

ZUBEREITUNG

Im Standmixer den Tofu mit Zitronensaft, Zwiebel, Knoblauch, Zwiebelpulver und Gewürzsalz glatt pürieren. Spinat, Kohl und Wasserkastanien dazugeben und drei oder viermal die Pulse-Funktion einschalten (der Dip soll stückig bleiben). In eine Schale füllen, mit Frischhaltefolie abdecken und mindestens 2 Stunden lang kühl stellen.

Mit Brot, Crackern oder Gemüsesticks servieren.

Party-Tipps

- Ich verwende Gewürzsalz auch für meine Käsemakkaroni. Nehmt eure Lieblingssorte oder Selleriesalz.
- Pimpt euren Dip nach Lust und Laune mit roter Paprika, Frühlingszwiebeln oder anderen schmackhaften Gemüsen, Kräutern und Gewürzen auf!

AVOCADO-CAPRESE AUF GERÖSTETEM BROT

Caprese ist einer der einfachsten und leckersten Salate – aber der Star ist Mozzarella, den vegane Wissenschaftler erst noch perfektionieren müssen. Anstatt einen billigen Abklatsch zu verwenden, ersetze ich Mozzarella mit Avocado. In Kombination mit aromatischem Basilikum, frischen Tomaten und süßem, würzigem Balsamessig trifft die cremige Konsistenz der Avocado genau ins Schwarze. Da Avocados schnell braun werden, erst kurz vor dem Servieren zubereiten.

Ergibt etwa 30 Stück

ZUTATEN

1 Baguette, in ca. 1,5 cm dicke Scheiben geschnitten

60 ml Olivenöl

5 Eiertomaten, gewürfelt

2–3 reife Avocados, geschält, entsteint und zerdrückt

1 Bund Basilikum, Blätter von den Stängeln gezupft und gehackt

60 ml Balsamessig (nach Belieben)

Salz und frisch gemahlener schwarzer Pfeffer

ZUBEREITUNG

Den Backofen auf 230 °C vorheizen.

Eine Seite der Baguettescheiben mit Olivenöl bestreichen und mit der bestrichenen Seite nach oben auf ein Backblech legen. Mit Salz bestreuen und etwa 5 Minuten backen, bis das Brot goldbraun und knusprig ist.

Währenddessen Tomaten und Basilikum unter die zerdrückte Avocado rühren (italienische Guacamole!).

Die Mischung auf die Brotscheiben streichen und nach Belieben mit Balsamessig beträufeln. Nach Geschmack salzen und pfeffern.

Party-Tipp

Falls ihr nicht vorhabt, später noch zu knutschen, reibt die Brotscheiben mit einer rohen Knoblauchzehe ein, bevor ihr sie in den Ofen schiebt.

CHICAGO-POPCORN

Chicago ist für seine dicken Pizzen und Hotdogs ohne Ketchup bekannt, doch für Chicago-Fans ist Chicago-Popcorn das bestgehütete Snack-Geheimnis der Stadt. Bei der Kombination von Käsepulver und knusprigem Karamell-Popcorn läuft etwas auf so köstliche Weise falsch – man will nein schreien, schafft es aber einfach nicht! Ich habe den salzig-käsig-süßen Geschmack hier mit milchfreiem Karamell und Käsepulver ohne Käse nachgebildet!

Für 5–10 Personen (je nach Hunger)

ZUTATEN

KÄSE-POPCORN

100 g ungepoppte Maiskörner
Öl zum Poppen
Olivenöl-Kochspray
3 EL Hefeflocken
1 TL Salz

KARAMELL

100 g Zucker
75 g Demerarazucker
60 ml Maissirup
1½ EL vegane Margarine
½ TL Vanilleextrakt
¼ TL Natron

ZUBEREITUNG

Den Mais auf eure bevorzugte Art und Weise zum Poppen bringen – bloß nicht in der Mikrowelle, sonst bleibt es nicht knusprig. Ich gebe etwa 3 EL Öl in einen großen Topf und erhitze ihn bei mittlerer Temperatur. Ein paar Körner hineinfallen lassen und warten, bis sie poppen. Dann den restlichen Mais hinzufügen, den Deckel auflegen und für etwa 30 Sekunden vom Herd nehmen, damit alle Körner gleichmäßig heiß werden. Den Topf wieder auf den Herd stellen und hin und wieder schütteln, damit nichts anbrennt. Sobald es darin heftig poppt, den Deckel abnehmen, damit Dampf entweichen kann. Wenn zwischen den Popps mehrere Sekunden liegen, den Herd ausschalten und den Topf von der Platte nehmen.

Das Popcorn in eine richtig große Schüssel schütten und leicht mit Olivenöl besprühen. Mit den Hefeflocken vermengen und salzen, wenn nötig mit mehr Öl besprühen. Beiseitestellen.

Ein Blech mit Backpapier auslegen und beiseitestellen.

Für das Karamell in einem mittelgroßen Topf bei mittlerer Temperatur Zucker, Maissirup und 1½ EL Wasser verrühren, bis der Zucker geschmolzen ist. Die Mischung zum Kochen bringen und etwa 8–10 Minuten köcheln lassen, bis sie sich bernsteinfarben färbt. Gelegentlich umrühren, damit nichts anbrennt. Vom Herd nehmen, Vanilleextrakt, Margarine und Natron einrühren. Dann zügig das heiße Karamell über das Popcorn gießen und umrühren, damit es gleichmäßig überzogen wird.

Auf dem Backpapier verteilen und etwa 20 Minuten auskühlen lassen.

FRÜHLINGSROLLEN MAL ANDERS

Ofenkartoffeln sind als Partysnack nicht ideal. Sie schmecken zwar lecker, sind aber im Stehen im Gedränge nicht leicht zu essen. Ich habe die köstlichen Aromen von Ofenkartoffeln in eine knusprige Frühlingsrolle gepackt, sodass man sie mit einer Hand essen kann. Außerdem können sie im Voraus zubereitet werden und man wärmt sie auf, sobald die ersten Gäste eintrudeln. Lasst es krachen!

Ergibt etwa 20 Frühlingsrollen

ZUTATEN

450 g mehligkochende Kartoffeln, geschält und in große Stücke geschnitten

60–120 ml Sojasahne

3 EL Hefeflocken

2 EL vegane Margarine

Salz und frisch gemahlener schwarzer Pfeffer

3 Frühlingszwiebeln, in feine Ringe geschnitten

50 g veganer Bacon (nach Belieben, siehe Party-Tipp)

20 Platten Frühlingsrollenteig

Rapsöl zum Frittieren

60 ml veganer Ranch-Dip (S. 158)

ZUBEREITUNG

Die Kartoffelstücke in einen großen Topf geben und mit Wasser bedecken. Zum Kochen bringen, dann die Hitze reduzieren und die Kartoffeln in 15–20 Minuten gar kochen, bis man sie mit einer Gabel leicht zerdrücken kann. Abgießen und mit Hefe, Margarine und 60 ml der Sojasahne cremig pürieren, dann mit Salz und Pfeffer nach Geschmack würzen. Das Püree soll recht flüssig sein, also wenn nötig mehr Sahne zufügen. Die Frühlingszwiebeln unterheben. Falls ihr die Bacon-Option gewählt habt, gebt ihn jetzt auch dazu (siehe Party-Tipp.)

Die Teigplatten nach Packungsanweisung vorbereiten. Etwa 2 EL des Kartoffelpürees in die Ecke einer Teigplatte geben. Die zwei seitlichen Ecken über die Füllung falten und dann die Ecke mit der Füllung hochziehen. Auf die vierte Ecke zurollen und die Frühlingsrolle mit etwas Wasser zukleben.

Die fertigen Rollen mit etwas Abstand auf ein mit Backpapier ausgelegtes Blech legen, damit sie nicht zusammenkleben. Das Blech mindestens 2 Stunden tiefkühlen, damit die Rollen in der Fritteuse nicht aufgehen. Sie lassen sich auch einfrieren und bei anderer Gelegenheit frittieren.

In einen tiefen Topf 10 cm hoch Öl geben und auf etwa 180 °C erhitzen. Wer kein Thermometer hat, testet die Temperatur mit dem Stiel eines Holzkochlöffels, der etwa 2,5 cm tief ins Öl gesteckt wird: Bilden sich Blasen, ist es heiß genug.

Zwei oder drei Frühlingsrollen gleichzeitig ins Öl geben und 4–5 Minuten frittieren, bis sie auf beiden Seiten goldbraun sind. Fertige Rollen auf Küchenpapier abtropfen lassen. Man kann die Röllchen auch im Voraus frittieren und im auf 180 °C vorgeheizten Ofen vor dem Servieren wieder aufwärmen.

Die Rollen halbieren und mit veganem Ranch-Dip (S. 158) servieren.

Party-Tipp

Lust auf Bacon-Geschmack? Dann rührt 40 g gebratenen veganen Bacon, vegane Speckwürfel oder veganen Aufschnitt mit den Frühlingszwiebeln in das Kartoffelpüree. Wenn ihr den Aufschnitt vorher anbratet, wird er schön knusprig.

KEINE SPUREN HINTERLASSEN: FÜNF IDEEN FÜR ESSBARE TELLER

Als Kind schob ich mir das Essen mithilfe von Brot auf die Gabel. Ich nahm abwechselnd Happen vom Essen und einen Bissen Brot. Mein Dad nannte es meine essbare Serviette, und daraus entwickelte ich diese Ideen für Teller zum (Leer)-Essen.

KARTOFFELBREI-SCHÄLCHEN

Eine Fast-Food-Kette geriet heftig unter Beschuss, als sie eine Fett- und Kalorienbombe mit ähnlichem Namen einführte. Aber keine Sorge, meine Schale kann mit gesunden Sachen wie vegetarischem Chili oder Barbecuesalat (S. 116) gefüllt werden.

Für 4–6 Personen

ZUTATEN

700 g vorwiegend festkochende Kartoffeln, geschält

½ TL Salz

60 ml Sojasahne

2 EL vegane Margarine

Salz und frisch gemahlener schwarzer Pfeffer

ZUBEREITUNG

Die Kartoffeln in 1,5 cm große Würfel schneiden und mit dem Salz in einen Topf geben. Mit Wasser bedecken, aufkochen und dann die Hitze reduzieren. In 15–20 Minuten im geschlossenen Topf weich garen. Die Kartoffeln sind gut, wenn eine Gabel leicht hineingleitet.

Die Kartoffeln abgießen und in eine hitzebeständige Schüssel kippen. Sahne und Margarine zugeben und mit dem Kartoffelstampfer zu Püree verarbeiten. Mit einem Holzlöffel gut durchrühren und mit Salz und Pfeffer abschmecken.

Etwas Kartoffelbrei auf einen Teller häufen und mit einem großen Löffel in die Mitte eine Mulde drücken. Füllt sie, womit ihr mögt!

TORTILLA-SCHÄLCHEN

Das Beste am Taco-Salat in mexikanischen Restaurants ist die riesige knusprige Tortilla-Schale, in der er serviert wird. Backt zu Hause eure eigene Miniversion und füllt sie mit Macho-Kroketten (S. 141) oder Dip (S. 142).

Ergibt 6 Schälchen

ZUTATEN

6 Weizentortillas (15 cm Ø)

1 Prise Salz

ZUBEREITUNG

Den Backofen auf 190 °C vorheizen und die Tortillas mit Wasser besprenkeln.

Ein Muffinblech auf den Kopf stellen und die Fladen zwischen die Mulden drücken, um kleine Schälchen zu formen. In 8–10 Minuten goldbraun und knusprig backen.

Große Tortillas kann man mit Wasser und Salz besprenkeln, dann 8–10 Minuten auf umgedrehten feuerfesten Gläsern oder Schalen backen.

KÜRBIS-SCHÄLCHEN

Gebackener Kürbis steckt von Natur aus in einem biologisch abbaubaren Schälchen – praktisch, nicht? Nachdem ihr das leckere Fruchtfleich ausgelöffelt habt, könnt ihr die Schale einfach auf den Kompost werfen. Ihr könntet sogar noch weitergehen und für eine richtige Mahlzeit Couscous, euer Lieblingsgemüse und ein paar Gewürze hineingeben. (Bei herzhaften Füllungen einfach den Zucker weglassen.)

Ergibt 2 Schälchen

ZUTATEN

1 Hokkaidokürbis

1 EL vegane Margarine

1 Prise Salz

2 EL brauner Zucker

ZUBEREITUNG

Den Backofen auf 200 °C vorheizen. Mit einem großen Messer den Kürbis von oben nach unten halbieren. Die Samen herauskratzen und entsorgen.

Das Fruchtfleisch mehrmals mit einem Messer einritzen und mit der Schale nach unten auf ein tiefes Backblech legen. Den Blechboden etwa 5 mm hoch mit Wasser bedecken, damit der Kürbis beim Backen nicht austrocknet.

Das Fruchtfleisch mit Margarine bestreichen (1½ TL für jede Hälfte) und mit Salz bestreuen. 1 EL braunen Zucker in die beiden Mulden geben und 1 Stunde backen, bis das Fruchtfleisch weich und leicht gebräunt ist. Vor dem Servieren 5 Minuten abkühlen lassen.

SCHOKOBECHER

Was schmeckt nicht besser mit Schokolade? Tomatensuppe? Na gut, vielleicht habt ihr recht. Aber diese einfachen Mini-Schokobecher machen aus jedem Nachtisch etwas Besonderes. Füllt sie mit Sojalatte-Granita (S. 84) oder was euch sonst noch so einfällt.

Ergibt 16 Schokobecher

ZUTATEN

16 Wasserbomben + mehr, falls welche platzen

680 g vegane Schokolade, gehackt

ZUBEREITUNG

Die Ballons aufblasen, bis sie etwas größer als ein Hühnerei sind, und zuknoten. Mit Wasser und Spüli abspülen und zum Trocknen beiseitelegen.

Ein paar Bleche mit Backpapier auslegen und auf der Arbeitsfläche dicht aneinanderstellen.

Die Hälfte der Schokolade im Wasserbad schmelzen. Vom Herd nehmen und 5 Minuten abkühlen lassen.

Einen Ballon am Knoten greifen und kopfüber bis fast zur Hälfte in die Schokolade tunken. Herausziehen, 5 Sekunden trocknen lassen und erneut eintauchen.

Den Ballon mit dem Knoten nach oben auf das Blech legen – die Schokolade bildet an der Basis eine Art Fuß. Auf diese Weise etwa acht Ballons glasieren, dann die restliche Schokolade schmelzen und von vorne beginnen.

Die Schokolade 1 Stunde fest werden lassen. Dann mit einer Schere den Knoten der Ballons abschneiden und die Luft herauslassen, ohne dass sie platzen (sonst zerspringt womöglich der Becher).

Kleben Ballonreste in den Bechern, einfach ein paar Minuten in den Tiefkühler stellen, dann die Ballonreste abziehen. Die Becher bis zur Verwendung im Tiefkühler oder im Kühlschrank lagern.

VOGELFUTTER-TELLER

Ich habe mal für eine Firma gearbeitet, die umweltfreundliche Versionen von allem verkauft. Nachdem ich mich drei Jahre mit Kundenwünschen nach nachhaltigeren Papptellern rumgeschlagen hatte, kam mir diese Idee, die sich komischerweise nicht durchsetzte.

Ergibt 1 Teller

ZUTATEN

1 ungebleichter Bio-Pappteller
65 g Erdnussbutter
140 g Vogelfutter

ZUBEREITUNG

Den Pappteller von unten mit Erdnussbutter bestreichen und in Vogelfutter tunken. Euer Essen von diesem Teller essen – am besten draußen, sonst gibt es eine Riesensauerei. Nach dem Essen den Teller ins Gras werfen und zusehen, wie die Vögel wild drauflospicken. *Blöde Idee? Schon möglich ...*

CORN FED!
BAKE AND DESTROY

Kapitel 5

Saucen & Beilagen

Was wäre Gemüse ohne Dip? Was wäre Salat ohne Dressing? Was wären Makkaroni ohne Käse? Das sind die Fragen, die mich nachts um den Schlaf bringen. Die Antwort: der Stoff von Albträumen, in denen ich gezwungen bin, auf die knusprigen, salzigen oder käsigen Beilagen, nach denen ich lechze, zu verzichten – bloß weil ich versuche, mich gesund zu ernähren.

Der Alptraum ist vorbei, weil ich mir fünf Saucen und Dips für jede Gelegenheit ausgedacht habe – von veganer Mayo bis hin zu Käsesauce für Nachos. Außerdem habe ich fünf aufregende Möglichkeiten gefunden, Grünkohlchips zu genießen – die knallgrüne Alternative zu Kartoffelchips.

Meine gefüllten Muffins und meine Maismuffins mit Brokkoli eignen sich perfekt, um Saucenreste aufzusaugen, und passen prima zu frischem Salat. Und natürlich dürfen Käsemakkaroni mit leckerer veganer Sauce nicht fehlen.

Fünf Saucen und Dips für jede Gelegenheit

VEGANE MAYO, RANCH-DRESSING

Diese simple Sauce könnt ihr ganz fix zusammenrühren und bis zu zwei Wochen im Kühlschrank aufbewahren. Außerdem schlagt ihr zwei Fliegen mit einer Klappe, denn für leckeres veganes Ranch-Dressing müsst ihr zuerst vegane Mayo zubereiten! Dieses Rezept ergibt ein zähflüssiges Dressing, das auch als Dip durchgeht – mit einem Spritzer ungesüßter Sojamilch kann man es verdünnen.

Ergibt etwa 450 g

ZUTATEN

VEGANE MAYO

350 g Seidentofu
70 g Cashewkerne (s. Anmerkung)
3 EL frisch gepresster Zitronensaft
2 EL Olivenöl
1 TL Senf
1 Msp. Zwiebelgranulat
Salz

RANCH-DRESSING

2 EL gehackter frischer Dill
1 EL gehackter frischer Schnittlauch
1½ TL Knoblauchpulver
1 TL Zwiebelpulver
½ TL frisch gemahlener schwarzer Pfeffer
¼ TL Paprikapulver edelsüß

ZUBEREITUNG

Die Cashewkerne 2–3 Stunden in Wasser einweichen. Den Tofu mithilfe eines sauberen Geschirrtuchs auspressen. Alle Zutaten für die Mayo in einen Standmixer füllen und glatt pürieren, dabei wenn nötig die Masse vom Glasrand hinunterschieben.

Um die Mayo in Ranch-Dressing zu verwandeln, die weiteren Zutaten zugeben und erneut glatt rühren.

Bis zur Verwendung kühl stellen.

Anmerkung: Statt Cashewkernen könnt ihr auch 100 g Cashewmus verwenden.

FISCHFREIE ERDNUSSSAUCE

Tut mir leid, Ketchup und Senf, aber an Erdnusssauce kommt ihr nicht ran. Sie ist ein köstlicher Dip für Gemüse und frittierten Tofu – man kann sogar seinen Toast hineintunken. Verwendet sie als Marinade, streicht sie auf ein Sandwich oder löffelt sie pur, wenn keiner guckt.

Ergibt etwa 475 ml

ZUTATEN

150 g ungesalzene, ohne Fett geröstete Erdnusskerne

2 Knoblauchzehen, fein gewürfelt

2 TL dunkles Sesamöl

1–2 EL brauner Zucker nach Geschmack

1½–2 EL Bragg Liquid Aminos oder Sojasauce

2 EL frisch gepresster Limettensaft

1 TL scharfe Chilisauce (Sriracha-Sauce)

80 ml Kokosmilch, oder mehr, falls als Marinade verwendet

ZUBEREITUNG

Alle Zutaten mit 80 ml Wasser in den Standmixer geben und glatt rühren. Abschmecken und etwas mehr Bragg zugeben, falls sie nicht salzig genug ist – oder mehr Zucker, falls sie zu salzig ist. Bei Verwendung als Marinade mehr Kokosmilch zugeben, bis die gewünschte Konsistenz erreicht ist. Die Sauce dickt mit der Zeit noch ein.

HONIGFREIER HONIGSENF

Ob die missliche Lage der Honigbiene nun euer Mitgefühl erregt oder nicht, ihr müsst zugeben, dass Honig – eigentlich nichts anderes als Bienenkotze – irgendwie eklig ist. Und doch gibt es nichts Besseres als Honigsenf, um Pastabällchen (S. 138) oder simple Salzbrezeln hineinzutunken. Entspannt euch, hier ist ein Senfdip, der euch zum Summen bringt.

ZUTATEN

75 g vegane Mayo (S. 158)

60 g Dijonsenf

100 g Agavensirup

1 Prise Salz

ZUBEREITUNG

Die Zutaten in eine kleine Schüssel geben und verrühren – ich bereite für gewöhnlich etwa 250 g zu. Die Mischung etwa 1 Stunde in den Kühlschrank stellen, damit die Sauce durch die Kälte eindickt.

KÄSESAUCE

Für diese Allzweck-Käsesauce benötigt ihr eine ganze Menge Hefeflocken. Nährhefe ist eine inaktivierte Hefe, die auf Zuckerrohr- oder Rübenmelasse gezüchtet wird. Sie ist ein komplettes Protein und reich an B-Vitaminen. Ihr nussiger, käsiger Geschmack macht sie für vegane Speisekammern auf der ganzen Welt unverzichtbar.

Ergibt etwa 950 ml

ZUTATEN

85 g vegane Margarine
40 g Mehl
1 EL Sojasauce oder Bragg Liquid Aminos
125 g Hefeflocken
1 TL Gewürzsalz
1 TL Knoblauchpulver
1 TL Zwiebelpulver
1 EL Senf

ZUBEREITUNG

Die Margarine bei mittlerer Hitze in einem großen Topf zerlassen. Mit dem Schneebesen das Mehl einrühren, bis die Klümpchen verschwunden sind und es blubbert. 570 ml kochendes Wasser und die Sojasauce angießen und glatt rühren. Dann die Hefeflocken und zum Schluss Gewürzsalz, Knoblauch- und Zwiebelpulver sowie den Senf einrühren. Vom Herd nehmen.

Party-Tipps

- Wenn ihr Pasta oder ein anderes Gericht mit geschmolzenem Käse zubereitet, verwendet diese Sauce heiß. Man kann sie aber auch ein paar Stunden kalt stellen und als Brotaufstrich einsetzen. Zum erneuten Aufwärmen einen Spritzer Wasser zugeben und bei niedriger bis mittlerer Temperatur erwärmen, aber nicht kochen.
- Manchmal braucht man nur ein wenig Käse. Um die halbe Menge Käsesauce herzustellen, verwendet die folgenden Mengen: 3 EL vegane Margarine, 2 EL + 2 TL Mehl, 300 ml kochendes Wasser, 1½ TL Sojasauce, 65 g Hefeflocken, je ½ TL Gewürzsalz, Knoblauchpulver, Zwiebelpulver sowie ½ TL Senf.

NACHO-KÄSESAUCE

Diese pikante Variante der Käsesauce hat gerade genug Schärfe, um euch spüren zu lassen, dass ihr Nacho-Käse esst, ohne euch gleich die Geschmacksknospen wegzuballern. Wenn ihr allerdings wollt, dass euch der Mund explodiert, haut einfach noch ein paar mehr Chipotle-Chilis rein, aber kommt nachher nicht heulend angerannt, wenn euer Körper rebelliert.

Ergibt 700 g

ZUTATEN

1½ TL Salz

40 g Cashewkerne

65 g Hefeflocken

1 Chipotle in Adobosauce, gewürfelt, oder mehr nach Geschmack

2 EL Speisestärke

1 EL frisch gepresster Zitronensaft

½ TL Zwiebelpulver

½ TL Knoblauchpulver

ZUBEREITUNG

Das Salz in 475 ml warmem Wasser (etwa 38 °C) auflösen. Die Cashewkerne hineingeben und eine Stunde einweichen.

Alle Zutaten, auch die Cashews mit dem Einweichwasser, in einen Standmixer füllen und glatt pürieren. Wenn noch Chipotlestückchen zu sehen sind, ist das voll in Ordnung. An dieser Stelle solltet ihr kosten und entscheiden, ob ihr noch mehr Chili zugeben wollt – denkt dran, dass eine kleine Menge große Wirkung hat.

Die Masse in einen Topf schütten und bei mittlerer Temperatur kochen, dabei gelegentlich umrühren, bis sie nach etwa 10 Minuten eindickt. Dann vom Herd nehmen.

KÄSEMAKKARONI

Lauft noch nicht weg, ihr erfahrt gleich mehr über die Wunder von Nährhefe! Der Name klingt abschreckend, sie ist aber eine großartige vegane Quelle für Vitamin B12, die zufällig auch noch nach Käse schmeckt! Dieses Rezept habe ich von meinem Freund Eric, dem Besitzer des Refuge Skate Shops in Detroit. Er ist schon lange Veganer und Snackmeister der Extraklasse. Genau wie überbackene Makkaroni ist dieses Nudelgericht cremig, käsig und hat eine leicht würzige Note. Ich kann euch gar nicht sagen, wie oft ich es Leuten schon untergejubelt habe – noch hat keiner gemerkt, dass es vegan ist!

Für 8 Personen

ZUTATEN

450 g Makkaroni (oder deine Lieblingspastasorte)

1 Portion Käsesauce (S. 160)

1 Prise Paprikapulver edelsüß

Semmelbrösel

ZUBEREITUNG

Den Backofen auf 180 °C vorheizen. Die Makkaroni halb gar kochen (einfach halb so lange kochen, wie auf der Packung angegeben), abgießen und beiseitestellen. Die Käsesauce zubereiten und die Menge in zwei Hälften teilen. Die eine Hälfte mit den Nudeln vermischt in eine Auflaufform geben. Die übrige Sauce darübergießen und mit Paprikapulver und Semmelbröseln bestreuen. 25 Minuten backen und danach noch 2–3 Minuten unter dem Backofengrill knusprig rösten.

BAKE AND DESTROY

FRITTIERTE MAISBÄLLCHEN

Diese Bällchen lassen sich prima im Voraus zubereiten und bei 200 °C im Backofen wieder aufwärmen. Serviert sie mit veganem Ranch-Dip (S. 158) oder dem honigfreiem Honigsenf (S. 159). Die Bällchen sind süß – ihr könntet sie auch mit Puderzucker bestäuben. Für eine herzhaftere Variante den Zucker weglassen und vor dem Mais 80 g Frühlingszwiebeln in Ringen in die Pfanne geben.

Ergibt etwa 15 Bällchen

ZUTATEN

60 g vegane Margarine
450 g TK-Mais
125 ml Sojasahne
1 TL Zucker
30 g Semmelbrösel oder zerbröselte vegane Cracker
250 g Mehl
½ TL Knoblauchpulver
¼ TL Zwiebelpulver
250 ml Bier (s. Anmerkung)
Öl zum Frittieren
Salz und frisch gemahlener schwarzer Pfeffer

ZUBEREITUNG

Die Margarine in einer großen Bratpfanne bei mittlerer Hitze zerlassen. Den gefrorenen Mais zugeben und erwärmen, bis er fast aufgetaut ist. Dann die Sojasahne und den Zucker zugeben und mit Salz und Pfeffer nach Geschmack würzen.

Bei mittlerer Temperatur 10–15 Minuten weiterköcheln lassen, bis die Sauce eindickt. Dabei häufig umrühren, damit die Sahne nicht anbrennt. Die Semmelbrösel unterziehen, vom Herd nehmen und 10–15 Minuten abkühlen lassen.

Ein Backblech mit Backpapier auslegen und die Maismischung löffelweise daraufgeben. Etwa 3 Stunden einfrieren, bis die Bällchen hart sind.

125 g des Mehls mit Knoblauch- und Zwiebelpulver vermischen und beiseitestellen.

In einer großen, tiefen Pfanne (oder einer Fritteuse) Öl auf 180 °C erhitzen – die Bällchen müssen ganz darin eintauchen können. Falls ihr kein Thermometer habt, überprüft die Öltemperatur mit dem Stiel eines Holzkochlöffels oder einem Essstäbchen. Steigen Blasen auf, wenn ihr ihn etwa 2,5 cm tief ins Öl steckt, ist es heiß genug.

In einer großen Schüssel das restliche Mehl (125 g) mit dem Bier verrühren. Die Maisbällchen erst in der würzigen Mehlmischung, dann in der Biermischung wenden. Zwei oder drei Bällchen auf einmal 3–5 Minuten goldbraun frittieren. Vorsicht, manchmal poppt der Mais beim Erhitzen! Auf Küchenpapier abtropfen lassen und heiß servieren.

Anmerkung: Wenn ihr »straight edge« seid, keine Sorge – der Alkohol verfliegt in der Fritteuse. Ihr könnt aber auch alkoholfreies Bier verwenden. Oder Sprudelwasser. Dann aber unbedingt die Gewürzmenge hochfahren.

5 X GRÜNKOHLCHIPS

Willkommen in der Welt der Grünkohlchips! Genau wie bei Kartoffelchips, könnt ihr sie in allen Geschmacksrichtungen zubereiten, die euer Herz begehrt. Allerdings ist es in diesem Fall ernährungstechnisch vorbildlich, sich die ganze Schüssel reinzuschieben, und kein Grund, sich zu schämen. Eventuelle Reste bleiben locker abgedeckt noch ein paar Tage knusprig.

Bevor ihr euch ans Chipsrösten macht, wascht und trocknet den Kohl und entfernt die Stiele. Rupft die Blätter in mundgerechte Stücke – sie schrumpfen im Ofen noch, daher finde ich 5–8 cm ideal.

Langsames, sanftes Backen ist das Geheimnis für knusprige Chips, daher lasse ich die Ofentür einen Spaltbreit offen und behalte die Chips im Blick. Die Bleche hin und wieder drehen und mal nach oben, mal nach unten schieben, damit alle Blätter garen, ohne zu verkohlen.

ASIA-CHIPS

Als Italo-Amerikanerin, die oft für eine Russin gehalten wird, kann ich nicht genau sagen, welche asiatische Küche bei diesem Gericht Pate stand. Ich bleibe einfach vage.

Für 4 Personen

ZUTATEN

½ TL Cayennepfeffer
½ TL Zitronenpfeffer
1 Bund Grünkohl
1 EL Apfelessig
1½ TL dunkles Sesamöl
1½ TL frisch gepresster Limettensaft
1 Knoblauchzehe, fein gewürfelt
1,5 cm frischer Ingwer, geschält und fein gewürfelt
2 EL Sesamsamen

ZUBEREITUNG

Den Ofen auf 95 °C vorheizen. In einem Schälchen Cayennepfeffer und Zitronenpfeffer vermischen und beiseitestellen. In einer großen Schüssel Kohl, Essig, Sesamöl und Limettensaft durchmischen, dann langsam die Gewürzmischung darüberstreuen. Jedes Blatt sollte mit Gewürzen überzogen sein. Dann Knoblauch, Ingwer und Sesamsamen dazugeben und noch einmal gut durchmischen.

Den Kohl in einer Lage auf mit Backpapier ausgelegten Blechen verteilen. Für 30–40 Minuten in den Ofen schieben und die Tür einen Spaltbreit offen lassen. Dabei alle 10 Minuten kontrollieren und, wenn nötig, die Bleche drehen und auf eine andere Schiene schieben.

SALZ-ESSIG-CHIPS

Einfacher geht es nicht – wenn selbst gemachte Grünkohlchips für euch Neuland sind, probiert diese Sorte zuerst aus und lernt die Eigenheiten eures Ofens kennen, bevor ihr euch an Komplizierteres wagt.

Für 4 Personen

ZUTATEN

1 Bund Grünkohl
2 EL Reisessig
1½ TL Olivenöl
Salz

ZUBEREITUNG

Den Ofen auf 95 °C vorheizen. Die Kohlblätter sanft mit Essig und Öl einreiben, ohne sie zu zerdrücken. In einer Lage auf mit Backpapier ausgelegten Blechen verteilen und mit Salz bestreuen – seid sparsam, man kann später immer noch nachsalzen. Für 30–40 Minuten in den Ofen schieben und die Tür einen Spaltbreit offen lassen. Dabei alle 10 Minuten kontrollieren und, wenn nötig, die Bleche drehen und auf eine andere Schiene schieben.

RANCH-CHIPS

Würzige Ranch-Chips sind meine absoluten Favoriten, daher habe ich Freudentänze vollführt, als dieses Rezept fertig war. Wenn die Chips auch euch zum Tanzen bringen, schickt mir ein Video!

Für 4 Personen

ZUTATEN

3 EL Hefeflocken
1 EL Zwiebelpulver
1 EL Knoblauchpulver
2 TL Dillspitzen
1 Bund Grünkohl
2 EL Reisessig
2 EL frisch gepresster Zitronensaft
1 EL Olivenöl
Salz und frisch gemahlener schwarzer Pfeffer

ZUBEREITUNG

Den Ofen auf 95 °C vorheizen. In einem Schälchen Hefeflocken, Zwiebel- und Knoblauchpulver sowie Dill vermischen und beiseitestellen. In einer großen Schüssel die Kohlblätter mit Essig, Zitronensaft und Olivenöl vermengen und nach und nach die Gewürzmischung einstreuen, sodass jedes Blatt damit überzogen ist. Bei Bedarf mit Salz und Pfeffer abschmecken.

Den Kohl in einer Lage auf mit Backpapier ausgelegten Blechen verteilen. Für 30–40 Minuten in den Ofen schieben und die Tür einen Spaltbreit offen lassen. Dabei alle 10 Minuten kontrollieren und, wenn nötig, die Bleche drehen und auf eine andere Schiene schieben.

BARBECUE-CHIPS

Falls ihr euch über den Piment in der Zutatenliste wundert, glaubt mir, er ist das Geheimnis für wahren Barbecue-Geschmack. Echte Männer sparen nicht am Cayennepfeffer.

Für 4 Personen

ZUTATEN

1 Bund Grünkohl

1 EL Apfelessig

1½ TL Olivenöl

2 TL Paprikapulver edelsüß

1 TL Knoblauchpulver

½ TL Zwiebelpulver

½ TL Piment

¼ TL Cayennepfeffer

¼ TL getrockneter Thymian, zwischen den Fingern zerrieben

Salz und frisch gemahlener schwarzer Pfeffer

ZUBEREITUNG

Den Backofen auf 95 °C vorheizen. In einem Schälchen Paprika-, Knoblauch- und Zwiebelpulver mit Piment, Cayennepfeffer und Thymian vermischen. In einer großen Schüssel den Kohl mit Essig und Öl vermengen und nach und nach die Gewürzmischung zugeben, sodass alle Blätter damit überzogen sind. Mit Salz und Pfeffer abschmecken.

Den Kohl in einer Lage auf mit Backpapier ausgelegten Blechen verteilen. Für 30–40 Minuten in den Ofen schieben und die Tür einen Spaltbreit offen lassen. Dabei alle 10 Minuten kontrollieren und, wenn nötig, die Bleche drehen und auf eine andere Schiene schieben.

KÄSE-CHIPS

Der Geschmack dieser Grünkohlchips liegt irgendwo zwischen Ranch und Barbecue – käsig, rauchig und leicht scharf. Wenn ihr auf Schärfe steht, befördert euch eine Prise Cayennepfeffer ins nächste Level.

Für 4 Personen

ZUTATEN

1 Bund Grünkohl

1 EL Olivenöl

1 EL Reisessig

3 EL Hefeflocken

1 TL Zwiebelpulver

1 TL Knoblauchpulver

1½ TL Cayennepfeffer

¼ TL getrockneter Oregano

je 1 Prise Salz und frisch gemahlener schwarzer Pfeffer

ZUBEREITUNG

Den Backofen auf 95 °C vorheizen. In einem Schälchen Hefe, Zwiebel- und Knoblauchpulver, Cayennepfeffer und Oregano vermischen und beiseitestellen. In einer großen Schüssel den Kohl mit Essig und Öl vermengen, dann nach und nach die Würzmischung darüberstreuen, sodass alle Blätter damit überzogen sind. Mit Salz und Pfeffer abschmecken.

Den Kohl in einer Lage auf mit Backpapier ausgelegten Blechen verteilen. Für 30–40 Minuten in den Ofen schieben und die Tür einen Spaltbreit offen lassen. Dabei alle 10 Minuten kontrollieren und, wenn nötig, die Bleche drehen und auf eine andere Schiene schieben.

GEFÜLLTE MUFFINS

Ich liebe die Füllung des Thanksgiving-Truthahns, die es leider nur an Feiertagen gibt. Das ist mir viel zu selten! Mit diesen praktischen Muffins kann ich sie als Beilage zu fast jedem Gericht und zu jeder Jahreszeit genießen. Selbst langweilige Suppen peppen sie auf!

Ergibt 12 Muffins

ZUTATEN

2 EL vegane Margarine
150 g Mais (Dose oder TK)
50 g Staudensellerie, gehackt
1 kleine Zwiebel, gewürfelt
125 g Mehl
75 g Zucker
1 EL getrockneter Salbei
2 TL Backpulver
¾ TL Salz
1 Prise frisch gemahlener schwarzer Pfeffer
175 g feiner Maisgrieß
75 g ungehärtetes Pflanzenfett + mehr zum Einfetten
250 ml Sojamilch
60 g Seidentofu, püriert

ZUBEREITUNG

Den Backofen auf 180 °C vorheizen und ein 12er-Muffinblech einfetten.

Die Margarine in einer mittelgroßen Pfanne bei mittlerer Temperatur zerlassen. Mais, Sellerie und Zwiebel zugeben und unter gelegentlichem Umrühren etwa 5 Minuten schmoren, bis der Mais und die Zwiebeln weich sind.

In einer mittelgroßen Schüssel Mehl, Zucker, Salbei, Backpulver, Salz und Pfeffer vermischen. Den Maisgrieß und das Pflanzenfett in kleinen Stücken zugeben und vermischen, bis die Masse bröselig wird. Sojamilch, Tofu und das angebratene Gemüse unterrühren, bis alles grob vermischt ist.

Den Teig in die Muffinformen füllen und 18–20 Minuten backen, bis die Oberfläche golden glänzt und an einem hineingepieksten Zahnstocher nichts haften bleibt. Auf einem Kuchengitter abkühlen lassen.

MAISMUFFINS MIT BROKKOLI

Ich glaube, die meisten Eltern sorgen sich hin und wieder, dass ihr Kleinkind verhungern könnte. Wie um alles in der Welt kann ein Körper im Wachstum mit wenig mehr als Trinktütchen und Goldfischlis überleben? Aus dieser Sorge heraus überlegte ich mir folgendes Rezept, das ein wenig Gemüse in köstlich-süßen Maismuffins versteckt. Noch raffiniertere Eltern schmuggeln auch ein paar Weizensprossen oder Leinsamen hinein.

Ergibt 12 Muffins

ZUTATEN

1 EL vegane Margarine
150 g Mais (Dose oder TK)
1 mittelgroßer Brokkoli
125 g Mehl
75 g Zucker
2 TL Backpulver
¾ TL Salz
175 g feiner Maisgrieß
75 g ungehärtetes Pflanzenfett + mehr zum Einfetten
250 ml Sojamilch
60 g Seidentofu, püriert
1 kleine Möhre, gerieben

ZUBEREITUNG

Den Backofen auf 180 °C vorheizen und ein 12er-Muffinblecht einfetten.

Die Margarine in einer mittelgroßen Pfanne bei mittlerer Temperatur zerlassen den Mais hinzugeben. Unter gelegentlichem Umrühren etwa 5 Minuten anbraten, bis die Maiskörner sich goldbraun färben. Vom Herd nehmen und kurz abkühlen lassen.

Währenddessen den Brokkoli etwa 2 Minuten andünsten, bis er hellgrün und weich ist. Kurz abkühlen lassen, dann in kleine Röschen schneiden.

In einer mittelgroßen Schüssel Mehl, Zucker, Backpulver und Salz vermischen. Mit einer Gabel das Pflanzenfett in Flocken und vermischen, bis die Masse bröselig wird. Sojamilch, Tofu, Mais, Brokkoli und Möhre locker untermischen. Nicht zu lange rühren!

Den Teig in die Muffinformen füllen und 18–20 Minuten backen, bis die Oberfläche golden glänzt und an einem hineingepieksten Zahnstocher nichts haften bleibt. Aus der Form holen und auf einem Kuchengitter abkühlen lassen. Warm schmecken die Muffins lecker, aber auch bei Raumtemperatur sind sie nicht zu verachten.

FOOD FIGHT!
BAKE AND DESTROY

Kapitel 6

Tipps, Tricks & mehr

Es ist schrecklich, wenn Kochbuchautoren davon ausgehen, dass man die raffiniertesten Küchengeräte und das Budget eines Sternekochs hat. Ich habe dieses Buch in einem kleinen Apartment in Chicago mit einer ganz normalen Küche geschrieben – beste Voraussetzungen für ein Kochbuch für Normalverbraucher also.

Tatsächlich habe ich auch 95 Prozent meiner Zutaten in Andy's Fruit Ranch gekauft, einem kleinen Laden in der Nähe meiner Wohnung. Alle paar Tage, wenn ich Nachschub holte, beglückwünschten mich die Kassierer, weil ich mit wenig Geld gesund einkaufte, und tatsächlich verlangt keines meiner Rezepte nach Meyer-Zitronen oder Trüffelöl.

Beim Entwickeln der Rezepte hatte ich zwei Menschen im Kopf: meine Mutter, die als Neu-Vegetarierin in einer nicht gerade vegetarierfreundlichen Stadt lebt, und meine vegetarisch lebende Cousine Alison, die mit einem Studentenbudget auskommen muss. Ich habe regelmäßig Umfragen unter meinen Facebook-Freunden in aller Welt durchgeführt, um herauszufinden, ob bestimmte Zutaten bei ihnen erhältlich sind, und die Rezepte entsprechend angepasst.

Dieses Kapitel bietet Informationen zu ein paar veganen Grundzutaten und zur nötigen Ausstattung sowie zu ein paar Zusatzgeräten, die man sich zulegen könnte, um sich das Leben zu erleichtern. Werft einen Blick in die Liste mit den Bezugsquellen, wenn nicht alle Zutaten vor Ort erhältlich sind.

ZUTATEN

VOLLES KORN, VOLLE POWER

Für meine Rezepte kann man, wenn nicht anders angegeben, ganz normales Weizenmehl verwenden. Falls ihr aber Leute mit einer Vorliebe für gesunde Ernährung bekocht, könnt ihr gern bis zu 50 Prozent der angegebenen Mehlmenge durch Vollkornmehl ersetzen. Für Süßspeisen empfehle ich Weizenvollkornmehl. Wenn ihr euch erst noch an Vollkorn gewöhnen müsst, fangt langsam an und ersetzt erst mal nur ein Viertel des Mehls. Ihr werdet feststellen, es schmeckt gar nicht übel.

KLEIN, ABER FEIN

Leinsamen sind reich an Omega-3-Fettsäuren und wirklich gut für euch. Man kann sie mahlen und in die meisten Cookies und Muffins schmuggeln oder sich ihren nussigen Geschmack zunutze machen und sie über Salate streuen. Gemahlene Leinsamen mit ein wenig Wasser ersetzen die Eier in vielen Backrezepten (s. nächster Absatz)! Besorgt euch geschrotete Leinsamen, wenn ihr nicht selbst mahlen wollt, und denkt daran, dass gemahlene Samen im Kühlschrank aufbewahrt werden sollten.

EIEIEI

Mittlerweile habt ihr vermutlich gemerkt, dass für keines der Rezepte Eier nötig sind. Gut beobachtet! Eier sind ja auch nicht vegan. Hier ist eine Kurzanleitung, wie ihr in euren Lieblingsgerichten jeweils 1 Ei ersetzen könnt:

- ½ Banane, zerdrückt
- 60 g Apfelmus
- 60 g Seidentofu, püriert
- 60 g ungesüßter veganer Naturjoghurt
- 2½ EL gemahlene Leinsamen + 3 EL Wasser

Ihr könnt auch fertigen Ei-Ersatz verwenden, viele Leute mögen aber weder den Geschmack noch die Textur von Backwaren mit Ei-Ersatz.

Verlasst euch bei der Auswahl eines passenden Ei-Ersatzes auf euren gesunden Menschenverstand – Obst verändert den Geschmack eines Gerichts, also verwendet Bananen und Apfelmus nur für süße Sachen.

ZUCKERSCHOCK

In meinen Desserts verwende ich altmodischen weißen Zucker. Eine moderate Menge Zucker ist mir lieber als künstlicher Süßstoff, der dem Körper Streiche spielen und einen üblen Nachgeschmack hinterlassen kann. Falls ihr euren Konsum von raffiniertem Zucker runterschrauben wollt, empfehle ich folgende natürliche Alternativen:

Agavendicksaft: 215 g ersetzen 200 g weißen Zucker. Reduziert andere Flüssigkeiten im Rezept um 60 ml, sonst wird euer Teig zu flüssig. Damit nichts anbrennt, schaltet die Ofentemperatur um ca. 15 °C herunter und erhöht dafür die Backzeit leicht.

Ahornsirup: 240 ml ersetzen 200 g Zucker. Reduziert dafür andere Flüssigkeiten um 3 EL. Damit der Teig gleichmäßig durchbäckt, fügt pro 240 ml Sirup eine Messerspitze Natron zu. Wie beim Agavensirup solltet ihr die Temperatur um 15 °C reduzieren, damit das Backwerk nicht zu dunkel wird.

Stevia: Eignet sich am besten für starke Aromen wie Kaffee und Schokolade – doch selbst dann mögen manche Leute den Nachgeschmack nicht. Stevia ist extrem süß, daher reicht 1 TL Pulver oder flüssiges Konzentrat, um 200 g Zucker zu ersetzen. Das verlorene Volumen füllt ihr mit Apfelmus oder veganem Sojajoghurt wieder auf.

Und was ist mit Honig? Pech gehabt, Honig ist nicht vegan!

LASST EUCH NICHT UNTERBUTTERN!

Ich nutze in meinen Rezepten vegane Margarine. Außerdem setze ich ungehärtetes Pflanzenfett wie z. B. Kokosfett ein. In »Tipps und Begriffe« (S. 183) gibt es noch ein paar Infos zu Margarine.

DIE MILCH MACHT'S

Ich bevorzuge ungesüßte Pflanzenmilch ohne Aroma – besonders in herzhaften Rezepten. Wenn nicht anders angegeben, habe ich überall Sojamilch verwendet. Man kann auch Mandelmilch nehmen, Reismilch kann ich hingegen nicht empfehlen, weil sie dünner ist. Und bei Kokosmilch schmeckt am Ende alles nach Kokosnuss.

Um vegane Buttermilch herzustellen, gebt 1 EL Reisessig oder Zitronensaft in 240 ml Sojamilch und lasst sie ein paar Minuten stocken.

TOFU

Tofu ist wie ein Schwamm, der den Geschmack von allem annimmt, in dem man ihn mariniert. Hier sind ein paar Dinge, die ihr über Tofu wissen müsst, bevor ihr ihn in all eure Mahlzeiten einbaut.

KENNE DEINEN FU

Seidentofu ist japanisch. Er ist weich und schwammig (selbst wenn ihr extrafesten kauft) und ist oft in Wasser eingelegt. Tofu-Neulinge setzen ihn am besten als Ei-Ersatz beim Backen ein, als Zutat in Dips und Saucen oder in Smoothies.

Normaler Tofu ist trockener und fester und ist manchmal in Wasser eingelegt. Er behält seine Form, lässt sich also prima aufs Brot legen oder in Pfannengerichte geben. Man kannt ihn aber auch zerdrücken oder zerkrümeln. Er kann auch schon fertig mariniert, manchmal sogar frittiert gekauft werden.

Die meisten Rezepte, so auch die in diesem Buch, geben an, welche Art Tofu man verwenden sollte.

PRESSE DEINEN FU

Den Tofu zu pressen ist der erste Schritt, um ihn zu aromatisieren. Bevor er Geschmack aufnimmt, muss das Wasser raus. Befolgt dazu vier einfache Schritte:

Öffnet die Packung und gießt das Wasser ab. Schneidet den Tofublock quer in vier Scheiben.

Legt ein Backblech mit mehreren Lagen Küchenrolle oder sauberen Küchenhandtüchern aus und die Tofuscheiben darauf. Deckt alles mit mehr Küchenrolle ab und legt ein zweites Backblech darauf.

Platziert etwas Schweres auf dem oberen Backblech – Bücher, eine volle Teekanne, was auch immer. Wartet mindestens 30 Minuten oder stellt eure Konstruktion über Nacht in den Kühlschrank. (Nicht zwingend notwendig, aber ich mache es manchmal, wenn ich zufällig vor dem Schlafengehen daran denke.)

Den Tofu abdecken und marinieren. Man kann ihn dazu auch in kleinere Stücke schneiden.

AROMATISIERE DEINEN FU

Es gibt viele Wege, Tofu zu marinieren – von fertig erhältlichen Marinaden aus dem Supermarkt bis hin zu selbst gemachten Mischungen aus Gemüsebrühe, Sojasauce, Essig oder anderen Zutaten, die ihr gern mögt. Verwendet aber keine ölbasierten Marinaden, da sonst das restliche Wasser im Tofu verhindert, dass er die Marinade aufsaugt.

FRIERE DEINEN FU EIN

Friert ihr den Tofu nach dem Pressen ein, bekommt er eine zähe, fleischartige Konsistenz. Legt die ausgepressten Scheiben oder Würfel über Nacht in einem Gefrierbeutel in die Kühltruhe. Lasst sie für eine tolle Textur vor dem Kochen im Kühlschrank auftauen.

Genau genommen muss man Tofu gar nicht kochen. Manchmal treffen ein paar rohe Stücke marinierter Tofu auf einem frischen Salat den Nagel auf den Kopf. Wenn ihr aber Lust auf warmen Fu habt – so geht's:

Frittierter Fu: Gebt marinierten Tofu mit 40 g Speisestärke, 30 g Mehl oder 40 g Maismehl in einen Gefrierbeutel und schüttelt alles gut durch. Überschüssige Panade wird man mithilfe eines Siebs los. Dann in ein wenig Öl anbraten oder frittieren.

Gebackener Fu: Marinierte Tofuscheiben auf ein gefettetes Backblech legen. Im vorgeheizten Backofen bei 180 °C 20–45 Minuten backen, je nachdem wie fest und zäh man ihn mag. Beim ersten Mal schaut man am besten nach 15 Minuten mal nach und wendet den Tofu bei der Gelegenheit gleich. Probiert verschiedene Backzeiten für verschiedene Konsistenzen aus.

Gegrillter Fu: Man kann Tofu genauso wie Fleisch oder Gemüse grillen. Fettet den Grill einfach mit etwas Öl ein und grillt marinierte Tofuscheiben, bis beide Seiten schöne Grillstreifen haben.

BAKE AND DESTROY

KÜCHENGERÄTE

Abgesehen von den üblichen Rührschüsseln, Backblechen und Messbechern, die jedes Kochbuch voraussetzt, gibt es ein paar Dinge, die ihr euch vielleicht noch zulegen wollt.

Backofenthermometer: Für mich ein Muss. Ich habe noch keinen Ofen gesehen, der nicht um 5–10 °C von der angezeigten Temperatur abweicht, was einen enormen Unterschied bei der Backzeit ausmachen kann.

Donut-Backform: Erhältlich für normale und Mini-Donuts. Ich backe Donuts lieber, als sie zu frittieren. So sind sie gesünder und halten sich zudem länger. Und natürlich kann man Donuts auch im Muffin-Blech backen. Das charakteristische Loch in der Mitte fehlt dann allerdings.

Eismaschine: Eine Anschaffung, die sich für alle Eis-Fans unbedingt lohnt. Unverzichtbar, wenn man Kinder hat. Es gibt ganz unterschiedliche Modelle in allen Preisklassen – einfach mal recherchieren.

Garnierspritze: Für alle, die Cupcakes lieben, eine große Arbeitserleichterung. Ich habe aber bei den Rezepten auch beschrieben, wie man eine Spritze aus einem Plastikbeutel bastelt.

Mini-Kastenform: Mit diesen Blechen backt man sechs ovale oder viereckige Küchlein. Man kann so etwas aber auch selbst machen, indem man feste Alufolie um eine leere Toilettenpapierrolle legt und die Pappe dann herausnimmt. Bastelt so viele Formen, wie ihr braucht, und stellt sie in ein tiefes Backblech.

Küchenmaschine: Als ich dieses Buch schrieb, habe ich meine ständig und für alles benutzt – sei es, um Tofu zu pürieren oder um Möhren zu raspeln. Wer die Ausgabe scheut – ein Standmixer oder ein Pürierstab und ein Handmixer sind günstigere Alternativen.

Küchenwaage: Ich nutze sie vor allem, um die benötigte Menge Tofu abzuwiegen, den ich in großen Blöcken kaufe. Aber auch beim Backen, wo man die Zutaten genau abmessen sollte, ist sie ziemlich praktisch. Also wünscht euch ruhig eine zum Geburtstag.

Mini-Muffin-Backform: Ich gehe davon aus, dass ihr schon ein 12er-Muffinblech besitzt, die Mini-Version ist eine nette Option, wenn man für viele Leute backt oder kleinere Portionen bevorzugt.

Pie-Form: Eine feine Sache. Man kann sie aber auch durch eine Quiche-Form, die etwas niedriger ist, oder eine runde Auflaufform ersetzen.

Pizzastein: Unentbehrlich für selbst gemachte Pizza. Pizzasteine ziehen überschüssige Feuchtigkeit aus dem Teig und sorgen für eine feste, knusprige Kruste.

Salatschleuder: Ich habe diese Dinger immer für total unnütz gehalten, bis ich mal eine im Schlussverkauf billig erstand, und nun benutze ich sie jeden Tag. Sie verkürzt die Trockenzeit bei Blattgemüse und nimmt unglaublich viel Platz im Schrank weg. Okay, vielleicht ist sie wirklich überflüssig – aber falls ihr eine zur Hochzeit geschenkt bekommt, werft sie nicht weg!

Schongarer: In den Staaten ein recht verbreiteter elektrischer Kochtopf zur langsamen Erhitzung von Nahrungsmitteln bei Temperaturen unter dem Siedepunkt. Spart nachweislich Energie, ist aber kein Muss. Alternativ die Zutaten im Backofen garen.

Silikon-Backmatten: Sie ersetzen Backpapier und sparen auch das Einfetten, sparen also Geld und Müll. Ich habe eine teure französische und eine Billigvariante, die beide gleich gut funktionieren.

Waffeleisen: Kein Muss, aber eine tolle Sache für Waffel-Sessions. Und bei Kindergeburtstagen und Teenagerpartys der Hit.

Wasserbad-Topf: Damit lassen sich temperamentvolle Zutaten wie Schokolade prima langsam erhitzen – aber legt euch nicht extra einen zu, denn man kannt ihn einfach aus Dingen nachbauen, die man schon besitzt. Alles, was ihr braucht, ist eine Rührschüssel aus Glas oder Edelstahl und ein Topf, auf den die Schüssel so gut passt, dass der Wasserdampf im Topf nicht entweicht. Bringt ein wenig Wasser im Topf zum Kochen – es sollte die Schüssel nicht berühren – und setzt die Schüssel obendrauf. Füllt die zu erhitzenden oder zu schmelzenden Zutaten in die Schüssel und los geht die Wasserbad-Action.

Whoopie-Pie-Backform: Genau genommen kann man Whoopie Pies auch auf mit Backpapier ausgelegten Blechen machen, ich mag aber die perfekte runde Form, für die diese Backform sorgt.

EXTRAVAGANTE ZUTATEN

Auch hier habe ich versucht, die Anzahl gering zu halten, da ich weiß, wie frustrierend Rezepte sind, die eine seltene Beere erfordern, die es nur im afrikanischen Dschungel gibt. Zum Glück haben wir heutzutage das Internet, das es uns ermöglicht, an Zutaten zu kommen, die im örtlichen Supermarkt nicht erhältlich sind. Falls ihr die folgenden Zutaten also im Laden (asiatische und orientalische Geschäfte nicht vergessen) nicht findet, versucht's mal online. (Für mehr Infos siehe »Bezugsquellen«.)

Amerikanische Zutaten: Süßigkeiten wie Chick-O-Sticks, Nutter-Butter-Kekse oder Atomic Fireballs oder aber Kool-Aid, ein Instant-Getränkepulver (Kurt Cobain soll sich damit die Haare gefärbt haben), kann man in vielen Onlineshops für amerikanische Nahrungsmittel bestellen. Allerdings nicht ganz billig und die Rezepte funktionieren auch ohne die Sachen oder aber mit Ersatzzutaten.

Bragg Liquid Aminos: Dieses Produkt schmeckt wie Sojasauce (weil es aus Sojabohnen gemacht wird), wird aber ohne Zugabe von Salz hergestellt.

Hefeflocken: Diese durch Hitze inaktivierte Hefe hat einen nussigen, käsigen Geschmack und eignet sich daher prima für leckere milchfreie Käse und Saucen. Mittlerweile sind Hefeflocken außer in Bioläden und Reformhäusern auch in vielen Drogeriemärkten und Supermärkten erhältlich.

Hickory-Flüssigrauch: Raucharoma aus der Flasche – ideal zum Zubereiten von Grillsaucen und Marinaden.

Jackfrucht: Die riesige Jackfrucht (bis zu 30 kg!) kommt aus Südostasien und ist wegen der an Geflügel erinnernden Konsistenz der jungen, unreifen Früchte bei Vegetariern beliebt. Haltet im Asialaden oder in der internationalen Ecke eures Supermarkts nach junger Jackfrucht in Salzwasser Ausschau. Hände weg von in Sirup eingelegten Früchten, für die Rezepte in diesem Buch sind sie viel zu süß.

Pfeilwurzelmehl: Dieses Bindemittel ähnelt Speisestärke, schmeckt aber neutraler und funktioniert bei sauren Flüssigkeiten wie Zitronensäure besser. Zudem macht es die Speisen nicht milchig.

Spirulinapulver: Die Spirulina-Alge liefert neben allen essentiellen Aminosäuren Eisen, Zink, Selen, Kalium und Calcium. Bekannt wurde sie als Nahrungsergänzungsmittel für Astronauten.

Weizengraspulver: Weizengras ist ein dunkelgrünes Blattgemüse, reich an Eiweiß und Ballaststoffen. In getrockneter Form als Nahrungsergänzungsmittel im Handel.

TIPPS UND BEGRIFFE

FRISCH ODER GEFROREN

Frisches Gemüse ist tiefgekühltem in der Regel vorzuziehen, es sei denn, ein Rezept verlangt ausdrücklich nach der gefrorenen Zutat oder stellt euch vor die Wahl. Tiefgekühltes Obst hingegen ist ein prima Ersatz, wenn das benötigte Obst gerade keine Saison hat. (Gefrorene Bananen aber nur für Smoothies nutzen, denn zum Backen muss man sie zerdrücken.)

Ach ja, wenn ihr die Schale von Zitronen, Limetten oder Orangen abreibt, kauft ihr natürlich Bio-Ware. Die chemischen Fieslinge verstecken sich bei gespritzten Zitrusfrüchten nämlich in der dicken Schale.

TRAUE NIEMANDEM

Es ist nicht unwahrscheinlich, dass euer Backofen lügt. Wenn ihr kein Backofenthermometer besitzt, lasst 5 Euro springen und besorgt euch schleunigst eins. Die meisten Öfen weichen 5–10 °C von der angezeigten Temperatur ab – das verändert die Backzeit unter Umständen enorm.

AUF MESSERS SCHNEIDE

Die schnittige Fachsprache dieses Buchs in einfachen Worten.
Hacken: Zutaten in mundgerechte Stücke schneiden. Ihr seid keine Küchenmaschine, lasst es ruhig angehen.
Würfeln: Kleinere Stücke als mundgerecht, aber auch nicht mini. Natürlich müssen es keine exakten Würfel sein.
Fein würfeln: Wie der Name schon sagt, in feine Würfelchen schneiden.
Reiben: Nehmt hierzu ein Reibeisen. Reibt oder hobelt die Zutat in kleine Fitzel. In diesem Buch betrifft das zumeist Ingwer und die Schale von Zitrusfrüchten.

FLAMME AN

Euer Herd spricht mit euch. Seid ihr bereit zuzuhören? Niedrige Temperaturen eignen sich zum Köcheln, hohe zum Kochen. Ist bei einem Rezept eine mittlere Temperatur gefragt, wählt etwas dazwischen. Beim Gasherd genügt dazu Augenmaß, Elektroherde sind schwieriger, also orientiert euch an den Zahlen an den Knöpfen. Niedrige bis mittlere Temperatur entspricht etwa den Stufen 1–3, während mittlere bis hohe Temperatur bei 5 etwa beginnt.

NO-NAME-PRODUKTE

Um das Jahr 2000 fing ich an, an einem Magazin namens Accidentally Vegan zu schreiben, in dem ich all die unabsichtlich veganen Nahrungsmittel auflistete, die ich als bankrotte, faule Esserin entdeckte. Doch weil ich so faul bin, habe ich es nie fertig gestellt. Der Geist dieses stillgelegten Projekts lebt jedoch in den Weiten des Internets weiter, wo Unmengen neuer Blogs vegane Produkte dokumentieren. Gut informierte Veganer meiden die Reformhäuser und suchen stattdessen No-Name-Lebensmittel im Supermarkt.

Schokotropfen: Haltet Ausschau nach halbbitteren Tropfen und überprüft die Zutatenliste auf Milch oder Butter. Die meisten bestehen die Prüfung (obwohl Puristen milchproduktfreie Tropfen meiden, die in den gleichen Maschinen wie Milchprodukte hergestellt wurden). Im Notfall einfach eine Tafel vegane Schokolade selbst klein hacken.

Margarine: Entgegen der landläufigen Meinung, ist Margarine nicht immer vegan – viele Sorten enthalten Milchprodukte. Achtet beim nächsten Einkauf auf die Zutaten.

BEZUGSQUELLEN

Ungewöhnliche Zutaten wie Tofu, Jackfrucht, Frühlingsrollenteig sowie außergewöhnliche Gewürze findet ihr am ehesten in orientalischen Läden und Asialäden sowie in der internationalen Ecke eures Lieblingssupermarkts. Mittlerweile führen auch Standardsupermärkte ein ansehnliches veganes Sortiment. Reformhäuser und Bioläden bieten zudem eine große Auswahl an Nüssen, Haferflocken, Körnern und mehr.

Eine Auswahl von Online-Shops:

www.veganbasics.de
Online-Shop für Lebensmittel, Kosmetik, Gürtel und Taschen, Tiernahrung, Bücher und mehr.

www.veganothek.de
Großes Sortiment an veganen Lebensmitteln.

www.veganversand.at
Österreichischer Online-Shop mit besonderem Akzent auf Ersatzprodukten für Fleisch, Wurst und Fisch.

www.vegan-wonderland.de
Mehr als 3000 Artikel im Sortiment – neben Lebensmitteln auch Kosmetik, Lifestyleprodukte, Wasch- und Putzmittel.

www.veganz.de
Vegane Supermarktkette mit Filialen in Berlin, Frankfurt und München, die auf Expansionskurs ist und einen Teil des Sortiments auch im Online-Shop anbietet.

Online-Magazine für Veganer:

www.deutschlandistvegan.de
Online-Magazin zur veganen Lebensweise. Sehr hilfreich: Infos zu veganen Produkten in konventionellen Supermärkten. Außerdem Infos zu Blogs, Initiativen, Büchern und mehr.

www.vegpool.de
Magazin rund um den vegetarischen Lifestyle. Außerdem: Produkttests, Forum und Wegweiser zur veganen Lebenweise für viele deutsche Großstädte.

DANK

Ich möchte all denen Danke sagen, die an der Entstehung dieses Buches mitgewirkt haben. Danke an meine Agentin Sally Ekus, die mich überredet hat, ein Kochbuch zu schreiben, und an William Kiester und Marissa Giambelluca, die es mir so leicht gemacht haben. Vielen Dank an Celine Stehen für ihr wunderschönes Food-Styling und tolle Fotos sowie das ganze Team von Page Street Publishing für seinen großen Einsatz, damit dieses Buch kein durchschnittliches Kochbuch wird. Vielen Dank Agnes Barton-Sabo für deine lustigen Illustrationen und Amanda und Kristina Bourlotos für die Gestaltung des Bake-and-Destroy-Logos und die Coverillustrationen. Oh, und Danke Sean Dorgan, dass du Bilder von mir geschossen hast!

Danke an mein Team von Rezepttestern: Lynne Rigazio-Mau (meine Mom), Alison Rigazio (Lieblingscousine), Lisa Simendinger (Konditorin mit großer Klappe) und Nichelle Nicholes (pflanzenbasiertes Roller Girl).

Das größte Dankeschön gebührt meinem Mann, Tony Slater, der die ganze Zeit Mama gespielt hat, während ich in der Küche gewerkelt habe. *Du bist so cool!* (Danke auch an unseren Sohn Teno, der sich echt Mühe gegeben hat, brav zu sein, als ich arbeiten musste.) Da wir gerade von Teno sprechen: Ganz lieben Dank, Leslie und Jo Ann für eure Hilfe mit ihm und beim Probieren!

Vielen Dank an meine Freunde und Familie, die mich angespornt haben – CM Punk, Mike Edison, Amy Dumas, Matt Barnette, Thaddeus Mountain, Tony Loza, Joy Garcia-Roughton, Jessica Hallinan, Melisser Elliott, meine Schwester Nina und mein Bruder Aaron, Oma und Opa, mein Onkel Dave und all meine Tanten, Onkel und Cousins, die mein Ego aufbauen, indem sie so tun als wäre ich cool. Ich liebe euch alle.

Und Danke an meinen Dad, Dan Mau, der für sein Leben gerne kochte und aß und mir beibrachte, dass man um so glücklicher wird, je mehr man sich anstrengt. Ich liebe und vermisse dich.

REGISTER

Q

R

S

ÜBER DIE AUTORIN

Natalie Slater ist Gründerin und Autorin von Bake and Destroy, »dem Food Blog, der mit einem Schlag in die Magengrube vergleichbar ist«. Sie war Jurorin in der Sendung *Cupcake Wars* beim TV-Sender Food Network und ihre Rezepte sind im *Bust Magazine, Time Out Chicago* und mehreren Online-Publikationen erschienen. Natalie lebt mit ihrem Mann und ihrem Sohn in Chicago, Illinois.